HISTOIRE

DE LA

NAVIGATION AÉRIENNE

BIBLIOTHÈQUE DES ÉCOLES ET DES FAMILLES

W. DE FONVIELLE

HISTOIRE

DE LA

NAVIGATION AÉRIENNE

Ouvrage illustré de 82 gravures.

PARIS

LIBRAIRIE HACHETTE ET Cᴵᴱ

79, BOULEVARD SAINT-GERMAIN, 79

1907

HISTOIRE

DE LA

NAVIGATION AÉRIENNE

CHAPITRE I

LES BULLES DE SAVON DE TIBÉRIUS CAVALLO

Certes, le désir d'imiter les oiseaux provient d'une noble aspiration. En effet, ces êtres de formes si gracieuses et de mœurs si différentes semblent défier la science du lourd bipède, que Platon appelait « un coq sans plumes ».

Le cri : « Des ailes! des ailes! » qu'Aristophane met dans la bouche d'un de ses personnages, et dont Michelet s'est servi comme devise d'un de ses plus charmants ouvrages, paraît bien indiquer la voie qu'il faut suivre pour réaliser la conquête de l'air.

Cependant il n'en est rien et les progrès que nous avons faits dans la navigation atmosphérique ont une origine encore plus noble et beaucoup moins fantaisiste.

Le premier pas fut fait le grand jour où Galilée démontra que l'air est un corps pesant, en augmentant le poids d'une sorte de bombe dans laquelle il faisait entrer de force une nouvelle quantité de cette substance impalpable et invisible.

Quarante ans s'écoulèrent, et un autre génie — le grand Pascal — montra que l'Océan atmosphérique pèse moins sur notre poitrine au sommet de la tour Saint-Jacques que sur le pavé de la rue Saint-Martin, et que nous portons toujours le poids de la colonne de gaz qui nous sépare du milieu planétaire. Sous ce point de vue nous sommes pareils aux poissons qui vivent au fond des eaux.

Vingt ans après, cette grande découverte est complétée en Allemagne par Otto de Guericke, le célèbre bourgmestre de Magdebourg, qui découvre le moyen de retirer l'air d'un vase clos. Non content d'avoir donné à la civilisation cet instrument si important, il fait le vide entre deux hémisphères creux appliqués l'un contre l'autre par leur tranche circulaire, de sorte que la pression extérieure, n'étant plus contrebalancée par celle de l'intérieur, réunit ces deux demi-globes avec une force dont l'énergie dépasse tout ce que l'on pouvait supposer. Il constate qu'il faut atteler huit chevaux à chacun d'eux pour les séparer.

Démonstration de la pesanteur de l'air à la Tour Saint-Jacques, par Pascal.

Encore un siècle se passe. Tout à coup, un illustre Anglais, nommé Cavendish, prépare un air inflammable et montre que cet air est huit fois plus léger que l'air ordinaire.

C'est en 1766 que cette découverte eut lieu ; elle fut publiée dans les *Transactions philosophiques* de la Société Royale de Londres.

Immédiatement Black, chimiste célèbre qui professait à

l'Université d'Edimbourg, dit à ses élèves qu'en remplissant une vessie d'air inflammable, elle s'envolerait d'elle-même.

Il pria un de ses collègues de lui en préparer une ; celui-ci fut trop long : quand la vessie fut prête, Black avait fini le chapitre des airs et renonça à l'expérience. Il croyait la réus-

LA BULLE DE SAVON ET LE BALLON

Un jour déjà lointain, dans de l'eau de savon,
Le souffle d'un enfant a fait naître une sphère,
Qui bientôt grossissant au bout d'un tube en verre,
Dans les airs s'envola comme un vrai papillon.

C'est ainsi que naquit notre premier ballon ;
Que d'autres, depuis lors, lancés dans l'atmosphère,
Ont bien plus haut encore et plus loin de la Terre,
Du pouvoir des mortels porté le pavillon.

En vain, l'homme tenta de fabriquer une aile   Mais l'hydrogène offrit une force nouvelle
Afin de soulever dans les airs sa nacelle.   Pour dompter sans effort la pesanteur rebelle
Et s'élancer ainsi jusqu'aux Palais des dieux.   Et mieux que les Titans escalader les cieux.

site tellement certaine qu'il se contentait, chaque année, de conseiller à ses élèves de la tenter.

Finalement, le récit de ces intéressantes expériences parvint à un riche négociant italien nommé Tibérius Cavallo, qui occupait ses loisirs à des travaux scientifiques.

Quoique d'origine étrangère, Cavallo avait été nommé membre de la Société Royale de Londres.

Au mois de juin 1782, il raconta à ses confrères qu'il avait tenté de gonfler avec de l'air inflammable un petit ballon de papier, mais il n'avait pas réussi parce que les molécules emprisonnées étaient si subtiles qu'elles passaient à travers les pores, quoiqu'ils fussent d'une finesse inouïe : le meilleur microscope n'avait pas pu les lui faire découvrir.

Il ajoutait qu'il était parvenu à renfermer ce corps si difficile à conserver dans des bulles de savon, qui avaient pris un diamètre de 10 à 12 centimètres et qui s'étaient envolées au plafond contre lequel elles s'étaient brisées. Nul doute qu'elles ne se fussent élevées beaucoup plus haut en plein air, mais elles étaient si petites et si fragiles qu'il n'y avait, ajoutait-il avec un ton désappointé, aucun moyen de tirer parti d'une propriété si curieuse pour faire quitter le sol au moindre brin de paille.

Tibérius Cavallo avait recueilli son air léger dans une vessie, à laquelle il avait attaché un tube de verre recourbé, et il la pressait pour gonfler ses bulles de savon. S'il avait abandonné sa vessie à elle-même après avoir pris soin de la débarrasser de son tube de verre, nul doute que comme ses bulles elle aurait suivi le chemin du ciel. Il découvrait les ballons et devançait à la fois Mongolfier et Charles.

Le nom de ce savant sympathique et intelligent est beaucoup plus digne de figurer dans l'histoire de la navigation aérienne que celui de Dédale et d'Icare.

Il mérite d'autant mieux d'y occuper un rang distingué qu'il s'attacha à vulgariser les grandes découvertes qu'il n'avait fait qu'entrevoir. Il rédigea en anglais une *Histoire des Aérostats* qui parut en 1784, et qui est un véritable chef-d'œuvre d'impartialité et de réserve. Il insiste avec éloquence sur les services que les ballons seront appelés à rendre dans l'étude de la météorologie, et ce n'est qu'au xxᵉ siècle que cet avis devait être entendu. On devait donner raison à Cavallo, non à Londres ou à Paris, mais à Berlin, lors de la création d'un observatoire aéronautique. Dans un admirable chapitre, Tibérius Cavallo indique une application à laquelle personne n'a encore songé : l'usage des ballons pour l'étude de la propagation des sons dans l'atmosphère. Enfin, il termine en prononçant des paroles dont on ne saurait trop admirer la portée :

« Les physiciens, dit-il, qui veulent étudier les grands

phénomènes atmosphériques, les vents, les pluies, la foudre, la grêle, apprendront avec quel avantage on les observera dans les lieux mêmes où ils se forment. »

Maintenant, après avoir rendu justice au génie de Tibérius Cavallo, racontons comment l'immortel Joseph Montgolfier fut mis par une erreur bien naturelle en possession de l'appareil qui porte son nom, et comment un autre savant, non moins digne de gloire, donna à ce ballon une forme parfaite en très peu de temps.

Tàchons de montrer comment cette invention, dont l'élaboration avait mis près de trois siècles, fut complétée en quelques jours ; nous tàcherons également de faire comprendre par suite de la combinaison de quelles circonstances la valeur de cette invention capitale ne fut bien comprise qu'après les révélations de l'année terrible.

CHAPITRE II

LA PREMIÈRE ASCENSION MONTÉE EN MONTGOLFIÈRE

La découverte de l'enveloppe susceptible de tenir le gaz qui avait échappé à la sagacité de l'illustre membre de la Société Royale de Londres ne tarda pas à être faite dans les montagnes du Forez par un industriel.

Une chemise qu'on faisait sécher en la chauffant devant une cheminée échappa des mains de Montgolfier qui crut que le foyer engendrait le gaz léger dont il avait certainement entendu parler. Un cornet de papier qu'il plaça au-dessus du feu s'envola comme les bulles de savon l'avaient fait en Angleterre.

Directeur d'une papeterie, Joseph Montgolfier, s'aperçut que la substance qu'il fabriquait ne laissait point passer le gaz que produisait la combustion d'une poignée de paille. Il construisit un petit globe qui se comporta comme le cornet de papier. A la suite de ces constatations, il fabriqua une enveloppe plus grande et, le 15 juin 1783, il recommençait son expérience devant les États Généraux du Forez qui se réunissaient à Annonay, sa résidence. Excellent frère, il associa Étienne à sa gloire, mais un membre célèbre de sa famille, l'académicien Séguin, a mis fin à cette pieuse légende en établissant qu'à Joseph seul appartient le mérite d'une invention dont la portée va en grandissant de jour en jour.

Lorsqu'on apprit cette nouvelle à Paris, l'enthousiasme

fut incroyable, et il ne tarda pas à se répandre dans tous les pays civilisés.

Jamais invention n'a produit une émotion comparable à celle dont témoignent les mémoires et les journaux du temps ; quoique passagère, cette fièvre intellectuelle doit être notée, car elle provenait d'un sentiment exact du rôle que les siècles réservaient à ces enfants des montgolfières qui se nomment les ballons, et dont l'apparition n'allait point tarder.

Un des membres les plus illustres et les plus justement populaires de l'ancienne Académie des Sciences était le physicien Charles, qui n'était pas seulement un expérimentateur habile, mais un professeur éloquent. Il possédait l'art de présenter toutes les expériences nouvelles sous une forme élégante, d'une façon magistrale et sur une échelle suffisante pour frapper l'imagination.

Quelques-uns des instruments qui ont figuré dans son cabinet constituent encore aujourd'hui un des principaux ornements de la galerie de physique du Conservatoire des Arts et Métiers.

L'ascension d'Annonay fut une révélation pour ce grand homme. Il comprit que le moment était venu de répéter dans des conditions pratiques les expériences de Tibérius Cavallo.

Il construisit une enveloppe de soie rendue aussi imperméable que la couche onctueuse d'eau de savon du physicien italien, par l'application d'un vernis spécial. Cette découverte ne lui prit que le temps mis par Montgolfier pour se rendre à Paris.

Lorsque l'illustre papetier descendit du coche qui l'avait amené de Lyon à Paris, le *Globe* avait été taillé, cousu et verni. Il avait été rempli d'air inflammable préparé par les procédés que Cavendish avait indiqués, et qui est connu sous le nom d'hydrogène.

L'opération avait été matériellement très difficile, car il avait été nécessaire de préparer cent fois plus de gaz que l'on n'en fabriquait pour les expériences exécutées dans les laboratoires. La quantité d'acide que l'on avait mélangée sans précaution avec l'eau était si grande qu'il s'était élevé soudainement un irrésistible torrent de vapeurs. Le tube faisant communiquer le tonneau de dégagement et l'enveloppe avait été attaché avec si peu de soin qu'il s'était introduit de l'eau dans le ballon. Celui-ci, maladroitement alourdi, n'avait pu quitter le plancher du laboratoire. Mais, recommencé d'une façon plus posée, le gonflement avait parfaitement réussi.

L'on devait constater *involontairement*, dans cette occasion réellement solennelle, que l'on approchait de la Révolution. Les sujets allaient être servis plus rapidement que le roi, qui dut attendre jusqu'au commencement de septembre que le spectacle promis pût être exécuté dans son château de Versailles, devant Lui, sa Famille et sa Cour.

L'auteur de cette incorrection qui, du temps de Louis XIV aurait coûté la Bastille, était un aide-naturaliste nommé Faujas de Saint-Fond, qui avait, paraît-il, collaboré quelque peu avec le grand Buffon. Ce savant entreprenant avait un ami propriétaire du café le *Caveau*, un des plus fréquentés du Palais-Royal. Il y venait un public nombreux, qui participa avec un entrain tout à fait parisien à une souscription destinée à construire le *Globe* dont l'ascension souleva de bruyantes acclamations que l'on entendra toujours à travers les siècles.

Le gonflement si difficile fut exécuté près de la place des Victoires, et le *Globe*, transporté pendant la nuit au Champ de Mars, s'éleva en présence d'une immense multitude de spectateurs.

Il se produisit dans cette première opération un incident imprévu qui contribua providentiellement au succès de la seconde tentative, dans laquelle des hommes s'élevèrent enfin dans les airs.

En effet, craignant de voir l'air du dehors s'introduire dans l'intérieur du ballon, Charles munit le tube de dégagement d'un robinet qu'il ferma. Le gaz, gêné dans son expansion, fit crever le ballon qui tomba à 17 kilomètres environ de Paris. Son arrivée dans le village de Gonesse donna lieu à des scènes qu'on ne pouvait soupçonner. Les habitants accoururent avec des faux, des fourches ou des fusils et se ruèrent sur le monstre qui venait troubler leur repos. Quelques jours après cet événement historique, le 19 septembre 1783, M. Joseph Montgolfier réalisa en présence de Louis XVI et de toute sa Cour l'expérience officielle pour laquelle il avait été appelé à Paris par le gouvernement.

Elle eut d'ailleurs un succès inouï et l'enthousiasme des courtisans ne fut pas moindre que ne l'avait été celui des fidèles sujets de Sa Majesté réunis au Champ de Mars.

On raconte qu'en voyant un objet aussi volumineux disparaître dans le firmament, une vieille marquise fondit en larmes. Comme on lui en demandait la raison : « Ils vont bientôt, s'écria-t-elle, trouver le moyen de ne plus mourir, mais je ne serai plus là pour en profiter ! »

Ainsi la Fortune comblait les Parisiens. Au lieu de se borner à imaginer un moyen de parcourir l'espace réservé aux dieux et aux héros, le génie des Français en avait découvert deux différents entre lesquels il semblait difficile de faire un choix, car chacun avait ses partisans. Mais l'on ne tarda point à être fixé d'une façon définitive. En effet, on avait aposté des astronomes en deux points différents, afin qu'avec leurs théodolites et leurs tables de logarithmes, ils pussent déterminer rigoureusement la trajectoire suivie par les mobiles aériens.

On constata ainsi que la montgolfière de Versailles, qui s'était arrêtée sur les arbres du parc de Vaucresson, ne s'était point bornée à aller deux fois moins loin que le *Globe* du Champ de Mars, mais elle s'était élevée deux fois moins haut. La victoire de Charles était donc définitive, écrasante, pour tous les esprits sérieux.

Il fallait donc que la montgolfière reprît l'avantage en servant de véhicule pour des fils de Prométhée. Montgolfier tenait essentiellement à ce que

Lancement de la première Montgolfière à Versailles le 19 septembre 1783.

son invention servît à rapporter au ciel le feu que l'audacieux Titan en avait fait descendre autrefois, suivant la mythologie.

Cet illustre physicien s'était mis en rapport avec Pilâtre de Rozier, originaire de Metz, qui s'était établi à Paris et donnait des démonstrations publiques dans un établissement que l'on nommait le Musée Français.

Pilâtre n'était pas seulement un professeur éloquent et habile, c'était encore un homme très entreprenant et qui ne craignait point de s'exposer à périr pour le succès d'une démonstration.

C'est lui qui avait imaginé un tour de force et d'adresse qui n'est point sans danger, et qu'il pratiquait journellement.

Pilâtre avalait une certaine quantité d'hydrogène qu'il expectorait graduellement après l'avoir enflammé à l'aide d'une allumette, de sorte qu'il semblait vomir du feu. C'était bien l'auxiliaire qu'il fallait à Montgolfier. Car un tel homme ne devait pas craindre de fraterniser avec les nuages.

Pour ses débuts il imagina d'attacher la *montgolfière* à une corde et d'exécuter des ascensions captives dans les jardins de Réveillon, fabricant de papier peint, qui était un des principaux clients de la manufacture d'Annonay. Dans l'opinion de Pilâtre, cette tentative n'était, comme nous venons de le dire, qu'un préparatif pour une autre plus hardie encore, celle de s'envoler lui-même dans une nacelle attachée à une *montgolfière* libre.

Le problème que Pilâtre s'était imposé était très ardu. En effet, il ne tarda pas à reconnaître avec quelle rapidité le prétendu gaz des *montgolfières* passait à travers les pores de l'enveloppe. Il fallait sans cesse en dégager de nouveau. Dès qu'il cessait d'en produire, l'équipage aérien se rapprochait de terre. Il était obligé de jeter sans cesse de la paille sur le feu pour se maintenir en équilibre, et d'augmenter la production pour s'élever à un niveau supérieur. Inutile de dire que la distance de la terre à laquelle il parvenait était très minime comparée aux bonds non seulement du *Globe*, mais même de la *montgolfière de Versailles*.

Cependant ces expériences émurent profondément l'opinion ; plusieurs personnes influentes demandèrent à accompagner Pilâtre dans son ascension. Nous citerons Giroud de Villette, avocat bien connu, qui publia un récit de son voyage aérien, et le marquis d'Arlandes, major dans un régiment d'infanterie. Celui-ci demanda à Pilâtre de l'accompagner dans sa première ascension libre, ce qui lui fut accordé.

Il est évident que, quoiqu'en quelque sorte considérées comme enfantines de nos jours, ces opérations préliminaires étaient indispensables à cette époque, et font beaucoup d'honneur au talent de l'aîné des aéronautes.

En 1784, on comptait un nombre très grand de personnages instruits qui soutenaient que les hautes régions de l'air devaient être mortelles pour les êtres humains qui, en pleine révolte contre les lois éternelles, cesseraient de ramper à la surface du sol.

Les registres de l'Académie des Sciences de Paris portent la trace de discussions qui n'auraient point été déplacées dans celle de Gulliver. On oubliait l'exemple des oiseaux et celui des montagnards. On se faisait des idées baroques sur la température des régions atmosphériques, sur la composition de l'air qu'on y respirait.

Aussi lors du départ de la grande *montgolfière* devant Louis XVI, on y accrocha à titre d'expérience une cage portant un coq, une chèvre et un mouton.

L'examen médical des voyageurs fut fait de la façon la plus solennelle.

On constata scrupuleusement que le mouton paissait tranquillement auprès de la corbeille dans laquelle il avait eu l'honneur avec deux camarades de recevoir solennellement le baptême de l'air.

Pour bien s'assurer que la chèvre n'avait nullement souffert, on l'avait sacrifiée et l'on avait reconnu que ses organes intérieurs étaient dans un état normal, ainsi que son pelage, lequel avait été minutieusement examiné. Quant au coq, il portait bien une légère éraflure à l'aile, mais dix témoins heureusement étaient là pour assurer sous la foi du serment que l'on avait vu le mouton lui porter un coup de patte.

Aucun obstacle matériel ne semblait donc s'opposer à ce que des hommes tentassent une aussi formidable épreuve.

Cependant Louis XVI ressentait encore des scrupules. Lorsque Pilâtre demanda l'autorisation de partir, accompagné par le marquis d'Arlandes, il lui fut répondu que l'on ferait exécuter préalablement l'expérience par deux condamnés à mort, à qui l'on accorderait la grâce s'ils revenaient en vie. Quand il reçut cette incroyable réponse, Pilâtre s'indigna. « Quoi, dit-il, on réserverait à de vils criminels le privilège de s'immortaliser en servant d'avant-garde à l'humanité pour l'introduire dans son nouveau domaine ! »

Malgré son éloquence qui était grande, Pilâtre n'aurait pu gagner sa cause sans la duchesse de Polignac, gouvernante des enfants de France : celle-ci convertit Marie-Antoinette, et Louis XVI capitula.

Le 4 novembre, grâce à l'autorisation ainsi arrachée, eut lieu l'expérience au château de la Muette, aujourd'hui propriété de la Ville de Paris. Il était juste une heure quarante minutes, lorsque la *montgolfière* quitta le sol emportant dans les airs les deux nouveaux Phaétons. Docile, cette fois, aux désirs de Pilâtre, le vent montra aux Parisiens les moindres détails d'une ascension qui n'aura d'égale dans aucun siècle ni dans aucun pays et qui serait digne d'être rappelée par un monument spécial.

D'abord le *Globe* fut poussé vers la Seine qu'il traversa au-dessus de l'usine de Javel et se dirigea ensuite vers Saint-Sulpice en passant entre l'École militaire et l'Hôpital des Invalides. Puis, vingt et une minutes après le départ, l'équipage aérien atterrissait dans une prairie située derrière le jardin du Luxembourg.

La *montgolfière* n'avait pas parcouru moins de 9 kilomètres, ce qui faisait une vitesse de 27 kilomètres à l'heure, chiffre considéré comme prodigieux à une époque où le train-éclair n'avait point été inventé.

Ces différentes circonstances sont relatées minutieusement dans un procès-verbal que signa Franklin, mais l'illustre Américain ne se laissa point éblouir comme la

Ascension de Pilâtre et du marquis d'Arlandes
(4 novembre 1783).

plupart des Parisiens qui assistaient à cette ascension : « Ce n'est encore que l'enfant qui vient de naître ! » dit froidement le sage de Philadelphie aux spectateurs qui s'empressaient de mettre leur nom à côté du sien.

Depuis cette époque, cent vingt-trois ans se sont écoulés,

et l'enfant a grandi, mais on ne peut pas dire qu'il soit encore parvenu à l'âge de sa majorité.

Le marquis d'Arlandes qui, en vrai cadet de Gascogne, écrivait avec esprit, se chargea de raconter aux Parisiens les impressions de voyage des deux premiers insurgés contre la pesanteur, à laquelle nous pouvons pardonner de nous enchaîner, car sans elle nous disparaîtrions dans l'espace.

Dans ce récit, c'est la note gaie qui domine et l'auteur ne se laisse point aller à l'exagération.

Les deux aéronautes ne se sont élevés qu'à quelques centaines de mètres, une misère, si l'on considère les immenses proportions de l'océan aérien. Ils ne sont pas sortis de ce que l'on peut appeler la petite banlieue de la terre. Dans la région où ils ont pénétré, on entend encore les moindres bruits de Paris. Quoique les habitants soient ramenés à la taille d'insectes, aucun n'a disparu. Les maisons sont réduites aux dimensions des jouets de Nuremberg, mais on les distingue encore, et les monuments ont conservé toute leur élégance.

La Seine est devenue un petit ruisseau. Il semble qu'on pourrait facilement mettre un pied sur chaque rive, pour la voir couler entre ses jambes...

Il n'est pas inopportun de remarquer que dès ce premier pas dans l'air, Pilâtre a fait une ascension type, que les montgolfières n'ont jamais beaucoup dépassée, ni en longueur ni en altitude, car leur trajet est limité par le poids de combustible que l'on doit emporter pour entretenir l'air intérieur à un degré suffisant de dilatation.

Le volume de ces machines est immense, et la simple toile qui les sépare de l'air extérieur laisse filer le calorique avec une facilité désespérante. On n'a jamais obtenu de résultats sérieux en y ayant recours; les espérances que l'on pourra concevoir seront inexorablement déçues. Ce n'est que dans quelques cas particuliers qu'on pourra les employer à cause de la possibilité de multiplier les expériences aussi souvent qu'on le voudra, la dépense étant presque nulle.

Dans la météorologie on en peut faire usage, ainsi que dans la stratégie, mais elles seraient sans aucun emploi, qu'on ne peut oublier dans l'histoire des progrès de l'esprit humain les services qu'elles ont rendus. Incomparable est la gloire de Montgolfier qui leur a donné son nom et de Pilâtre qui a été le premier des aéronautes.

CHAPITRE III

LE TRIOMPHE DU BALLON A GAZ DE CHARLES

Pendant que ces événements se passaient, Faujas de Saint-Fond, l'auteur de la souscription au café du *Caveau* n'avait pas négligé les intérêts de Charles pour lesquels il s'était pris d'une noble passion. Il avait obtenu l'autorisation d'exécuter une ascension montée aux Tuileries, mises à sà disposition de la façon la plus complète. En effet, on ne pouvait pénétrer dans le jardin qu'avec un billet d'entrée qu'il vendait trois livres. C'est ainsi que le public parisien fit tous les frais de la seconde étape dans la conquête de l'air.

Toutes les fois que, depuis lors, on a fait appel à sa générosité, il a répondu avec un entrain remarquable.

De nos jours, où nombre de gens riches appartenant aux classes supérieures s'adonnent à l'aérostation, l'on a trop souvent négligé de s'adresser au Mécène anonyme de Faujas. Si l'assistance à *trois francs* par tête était nombreuse dans l'intérieur du jardin, elle l'était encore bien davantage au dehors. Le Pont Royal et les quais étaient envahis par une foule de spectateurs *gratis*, qui payèrent largement leur écot par des manifestations enthousiates. Un incident de la dernière heure faillit arrêter tous les préparatifs. Le matin où le départ devait avoir lieu, Charles reçut communication d'un arrêté lui apprenant que l'expérience était interdite ; on ne daignait articuler aucune raison.

Charles se rendit immédiatement au château où il exposa ses doléances avec une vivacité que la crainte de la Bastille n'atténua pas. Tout ce qu'il put obtenir du baron de Breteuil qui daigna le recevoir, c'est que la police fermerait les yeux. Elle promit de ne point s'apercevoir que plus de cent mille personnes se réunissaient aux Tuileries pour assister à la plus intéressante expérience d'un siècle si fécond en inventions.

Suivant toutes les probabilités, cette interdiction *in extremis* était due aux critiques de quelque ami exalté de Montgolfier. Ayant aperçu son heureux rival, Charles s'en approcha et lui offrit l'honneur de couper le fil retenant le premier ballon-pilote destiné à indiquer la vitesse et la direction du courant aérien, auquel on allait confier la fortune de l'auteur de cette invention surprenante.

Des applaudissements éclatèrent de toutes parts en saluant en quelque sorte l'union de deux grands Français entrant dans l'Immortalité pour ainsi dire côte à côte.

Comme il arrive souvent à Paris, au commencement de décembre, le vent était faible, l'air limpide ; on aurait dit que la nature entière était en fête.

Habitué à exécuter des expériences précises, Charles connaissait à une once près la force ascensionnelle de l'aérostat qui prenait son vol d'une façon lente et ménagée.

Les innombrables Parisiens qui avaient assisté déjà à l'expérience de la Muette pouvaient se rendre compte par eux-mêmes des avantages du ballon sur la montgolfière. En effet, les deux voyageurs aériens qui étaient assis dans la nacelle n'avaient pas besoin de s'occuper de faire brûler la paille dans un fourneau. Il suffisait que le mécanicien Robert qui accompagnait Charles jetât de temps en temps quelques grains de sable pour soutenir la force ascensionnelle. Comme un souverain prenant possession de son empire, Charles saluait

gracieusement tous les témoins de son apothéose. En même
temps, il notait sur un calepin le nombre de pouces et de lignes

Lancement du premier ballon à gaz de l'intérieur du château des Tuileries.

indiquant la hauteur de la colonne mercurielle et les degrés
de chaleur marqués par le thermomètre de Réaumur.

Ces opérations, exécutées si facilement, avec autant de

précision que dans la salle du Louvre où Charles donnait ses cours, établissaient encore la supériorité du ballon. La chaleur développée par le foyer d'une montgolfière aurait troublé les indications thermométriques.

Cette première ascension fut accompagnée d'une expérience dont aucun des historiens des ballons n'a omis de parler, mais dont il n'est aucun qui ait compris l'importance historique. Le jeune duc de Chartres accompagné par un gentleman anglais se lança sur les traces du ballon avec le désir d'assister à la descente. Le futur Philippe-Égalité ne voulait que se donner le plaisir d'avoir ce rare spectacle. Il était loin de se douter qu'il donnait le premier exemple d'un jeu qui est fort en usage de nos jours et que l'on nomme un rallye-ballon.

Le duc de Chartres s'acquitta à merveille de la tâche qu'il s'était imposée. Avant son compagnon, il atteignait la prairie de Nesles sur le gazon de laquelle le ballon venait de se poser. L'académicien et son assistant n'avaient point encore eu le temps de sortir de leur nacelle.

L'arrivée inopinée d'un prince du sang qui l'avait suivi au prix de tant d'efforts excita l'enthousiasme de Charles qui oublia sa prudence ordinaire. Après avoir fait signer à la hâte le procès-verbal de la descente, il offrit au duc de recommencer. l'expérience et de lui donner une seconde représentation d'un départ.

Le Prince ayant naturellement accepté, Charles remonta seul dans la nacelle parce qu'il avait sacrifié du gaz et ne pouvait emporter de nouveau le poids indivisible de Robert.

Comme la force ascensionnelle, qu'il oublia cette fois de mesurer, était trop considérable, le ballon quitta le sol avec une vitesse beaucoup plus grande qu'il ne l'avait fait au départ des Tuileries.

Ascension de Charles, au Jardin des Tuileries, le 1er décembre 1783, d'après la gravure du temps.

De plus, l'enveloppe était en partie vide, de sorte que
l'aérostat dut s'élever avec une vitesse accélérée au moins

jusqu'à 6 ou 700 mètres avant que le gaz commençât à sortir.
A ce moment, la force vive était tellement énorme qu'il parvint rapidement dans une couche élevée où régnait une température horriblement froide, une pression tellement minime que Charles ne pouvait respirer. Il fut peut-être atteint par les effluves empestées du gaz. Autant la première ascension avait été agréable, autant la seconde était douloureuse. Cette fois Charles éprouva en plein ciel des sensations véritablement infernales. Il était resté en l'air tout le temps que son ballon avait eu la bonté de l'y soutenir, car il n'avait pas conservé la présence d'esprit nécessaire pour faire usage de cette ingénieuse soupape dont l'invention lui fait tant d'honneur.

Charles avait le droit d'être fier de la première phase de son voyage aérien dans laquelle son baromètre a constaté une hauteur quadruple de celle de la montgolfière montée par Pilâtre. La distance parcourue, qui s'élevait à 16 kilomètres, était quadruple et le temps de sa présence en l'air avait été augmenté à peu près dans la même proportion. Mais même la phase désordonnée de la réascension avait été d'une importance capitale pour les voyages futurs ainsi que pour la physique de l'atmosphère. Elle avait montré avec quelle prudence il était nécessaire de régler la force ascensionnelle et constaté que les hautes régions de l'air sont vouées à une congélation éternelle. Les frimas dont la présence était démontrée sur le sommet des Alpes et des Pyrénées n'étaient pas une exception. Le froid règne en souverain absolu dans les hautes régions de l'air.

Cette ascension mémorable produisit un résultat considérable, dont les contemporains n'ont point été appelés à juger l'importance et dont, aujourd'hui même, on commence à peine à constater la valeur.

Par une coïncidence remarquable, qu'il ne faut pas omettre de signaler, une invention merveilleuse qui complète si bien celle de Charles, et sans laquelle la direction n'est peut-être qu'une utopie, fut faite par un jeune homme le mois après même de l'ascension de Charles. Le lieutenant Meusnier, le plus jeune des membres de l'Académie des Sciences où il ne figurait encore que comme adjoint, avait à peine fini d'entendre le récit détaillé de Charles, qu'il forma le plan de reproduire à volonté le mouvement de descente d'un aérostat à l'aide d'un ballonnet.cousu à l'intérieur de l'enveloppe et dans lequel on introduirait de force une certaine quantité d'air pour l'allourdir ; si l'on voulait produire l'effet inverse, il n'y aurait qu'à ouvrir un robinet pour laisser échapper dans l'atmosphère l'air retenu sous pression.

Ce plan était annexé à un projet de ballon dirigeable qui était illusoire et chimérique comme tous ceux dans lesquels la force humaine était employée, mais on ne pouvait être bien sévère pour des chercheurs ayant recours à la puissance musculaire à l'époque où la machine à vapeur était à peine connue, et où elle n'était employée que pour des applications sédentaires. D'autre part, le lieutenant Meusnier n'avait pas commis la faute de proposer son moteur animé pour lutter contre le vent. Il comptait surtout sur l'alternance des courants aériens qui, dans un grand nombre de cas, sont superposés par étages. Il en résulte que l'aéronaute peut avoir à sa disposition le vent qui le conduirait à la direction qu'il désire, s'il avait la possibilité de choisir parmi tous les courants coexistants celui qui convient le mieux à la route qu'il désire suivre.

Cette idée d'utiliser les vents de direction divergente et d'aller les chercher où ils se trouvent a été bien des fois proposée. Elle fut adoptée par l'illustre Pilâtre qui, comme nous le verrons, perdit la vie en essayant un système ingénieux destiné à la pratiquer. Cette circonstance suffirait à elle seule pour lui assurer une place dans l'histoire de la navigation aérienne. Mais le lieutenant Meusnier, dont le projet étudié avec le plus grand soin ne fut jamais construit, a droit à nos sympathiques souvenirs, car il fut tué au siège de Mayence, en 1794, après avoir donné l'exemple de toutes les vertus républicaines et avoir mérité jusqu'aux hommages de l'ennemi.

Les plans du *Général Meusnier* ont été rédigés avec un soin minutieux ; ils témoignent d'un intense travail et constituent un album fort utile à consulter dans la bibliothèque de l'Institut où il est précieusement conservé.

L'ensemble de ces documents fait honneur à l'inventeur, et l'on peut dire que c'est le travail le plus complet auquel la navigation aérienne ait donné lieu jusqu'au brevet d'Henry Giffard.

CHAPITRE IV

LES DIRIGEABLES A BRAS

L'idée de procéder à des expériences de direction aérienne date du jour où Charles exécuta son ascension des Tuileries. Au moment même où le ballon montrait ses qualités de sustentation, un des héros de cette grande performance avait l'ambition de l'arracher à la domination du vent. Le premier inventeur qui tenta de réaliser cette merveilleuse prouesse fut le mécanicien Robert, l'aide de l'illustre académicien. Son Mécène et compagnon aérien fut le duc de Chartres qui, comme nous l'avons vu, fut témoin de la descente.

Robert, qui s'associa son frère, s'inspira du plan que le lieutenant Meusnier avait présenté à l'Académie des Sciences.

Ce premier dirigeable devait être mû par des rames spéciales que l'équipage était chargé de mettre en action, comme les marins le font à bord des canots.

Il s'éleva le 15 mars 1784 du parc de Saint-Cloud qui faisait partie des apanages de la famille d'Orléans.

L'ascension fut privée autant que peut l'être un voyage aérien d'un aussi grand personnage. Le prince partit en présence de sa famille, de ses courtisans et de ses domestiques.

Le temps était beau et l'expérience s'annonçait sous les conditions les plus favorables, mais le ballonnet intérieur avait été attaché maladroitement, de manière qu'il obstruait

l'appendice par lequel sort le gaz quand la pression extérieure
diminue. De plus, par suite de quelque dérangement du mécanisme, la pompe destinée à y introduire de l'air ne pouvait fonctionner, il en résulta que l'alourdissement volontaire de
l'aérostat ne put se produire, il continua sa marche ascensionnelle sans que le gaz pût trouver une issue pour se répandre
au dehors.

Ascension de Philippe-Égalité et des frères Robert au château de Saint-Cloud (15 mars 1784).

Dans ces circonstances désastreuses, les voyageurs aériens
redoutèrent de voir le ballon éclater. Heureusement, le duc de
Chartres avait pris pour monter
au ciel son habit de cour et portait son épée. Il eut la présence
d'esprit de s'en servir et il fit
« aux flancs de son ballon une
large blessure ».

La descente ne pouvait tarder. Elle fut rapide, mais inoffensive ; les voyageurs atterrirent à deux kilomètres à peine
de Saint-Cloud, dans une dépendance du château royal de
Meudon, ou se trouvait une pièce d'eau. Ce lieu est précisément celui qu'occupe en ce moment l'établissement militaire
de Chalais-Meudon.

Le duc était ennemi personnel de la reine Marie-Antoinette qui devinait ses ambitions. Elle profita de l'aventure,
qui n'avait rien que de très honorable, pour tourner en ridicule le prince aéronaute et jeter des doutes sur son courage.
Afin de créer une rivalité, le futur Charles X, le plus jeune
des frères de Louis XVI, fit construire un ballon auquel il
donna son nom, *Comte d'Artois*. Cet aérostat, qui n'avait pas

d'organe de direction, exécuta des voyages intéressants et sans incident dramatique.

La seconde tentative de propulsion est due à Guyton de Morveaux, le principal auteur de la nomenclature chimique à laquelle collabora Lavoisier ; il était le membre le plus influent de l'Académie de Dijon, alors — comme aujourd'hui — une des plus riches de la France entière.

Il n'eut pas de peine à persuader à cette puissante Société de construire un ballon que deux aéronautes chercheraient à diriger en employant des rames à grande dimension et à large surface, construites en un mot de manière à agir efficacement sur un fluide beaucoup plus subtil que l'eau.

Pour simplifier, on ne chercha point à donner à l'*Académie de Dijon* une forme allongée et l'on n'employa pas non plus le ballonnet du lieutenant Meusnier.

Du reste, Guyton de Morveaux, dans le volume qu'il a publié sur ses deux voyages aériens, a bien soin de dire qu'il a entendu ne procéder qu'à des expériences préliminaires. Il borne son ambition à savoir si, à l'aide de rames, il est en état d'obtenir une déviation de la ligne du vent.

Il est essentiel de faire remarquer, pour l'honneur de la science française, que l'on n'a nullement le droit de confondre cet homme célèbre avec les rêveurs qui voulaient lutter contre le vent en employant la force humaine. Même aujourd'hui que l'on possède un moteur de deux à trois cent fois plus léger, on ne saurait sans imprudence se proposer un pareil problème dans toute sa généralité, et l'usage des navires aériens les plus parfaits sera toujours, jusqu'à un certain point, subordonné à l'état de l'atmosphère.

Les deux rames dont Guyton fit usage avaient plusieurs mètres de longueur et la palette qui les terminait possédait un mètre de surface. Il y avait encore deux autres rames de dimension colossale. Elles étaient fixées à l'équateur et devaient être actionnées à l'aide de cordages. Cette combinaison était certainement puérile, et il ne paraît pas que les opérateurs aient réussi une seule fois à employer utilement leurs rames équatoriales.

La première expérience, exécutée en avril 1784, ne produisit aucun résultat, une des deux rames de la nacelle s'étant brisée et les cordages disposés pour mettre en action les rames de l'équateur ayant été embrouillés. Il faisait du reste un vent violent qui n'aurait jamais permis d'apprécier si l'équipage aérien était réellement automobile. Le voyage fut recommencé quelques mois après dans des conditions meilleures et Guyton décrit minutieusement les évolutions qu'il croit avoir accomplies. Il est permis de supposer que, malgré l'énumération des mouvements qu'il pense avoir constatés, Guyton n'entrevit aucun résultat réellement encourageant. En effet, il ne fut nullement question de la direction des ballons dans les travaux aérostatiques que le Comité de la Convention Nationale organisa à Meudon. Quoique Guyton fût le membre le plus actif et le plus influent de ce corps officiel, c'est à peine si un ballon allongé a été construit et nous ne savons même pas s'il a été expérimenté.

L'idée d'employer des ballons à rames ne cessa jamais de hanter l'esprit des chercheurs, surtout de ceux qui sont complètement dépourvus de connaissances scientifiques.

Parmi les exemples célèbres, nous citerons le ballon l'*Aigle* qui fut essayé au Champ de Mars au commencement du règne de Louis-Philippe. Comme l'inventeur était un colonel des armées impériales, connu pour son attachement à la dynastie napoléonienne, la police ne fit aucun effort sérieux pour protéger les expérimentateurs. Toujours impitoyable pour les aéronautes qui restent à terre, la populace se rua sur l'aérostat récalcitrant et le mit en loques. Les émeutiers se partagèrent triomphalement le butin de leur vandalisme.

C'est, qui le croirait, à l'occasion du siège de Paris, que l'on entendit parler pour la dernière fois des ballons à bras ? On en vit surgir non pas seulement un, mais deux de construction différente. Les deux inventeurs avaient suivi la marche ascendante du progrès, et les simples rames des expériences de 1784 avaient été remplacées par des hélices.

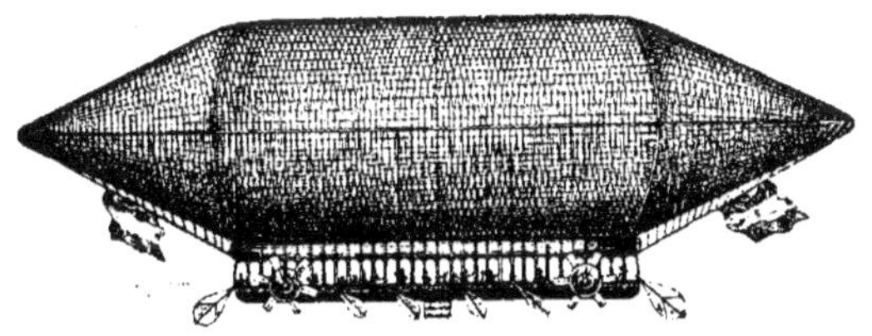

Le ballon-navire *l'Aigle*, de Lennox (1834), d'après une gravure de l'époque, mais mensongère parce que le ballon n'a pas pu s'enlever.

L'un et l'autre étaient des hommes distingués qui, dans leur carrière, s'étaient trouvés plus d'une fois en compétition. Tous deux se disputaient l'invention des navires cuirassés et avaient lutté pour obtenir la même place à l'Académie des Sciences dans la section de Géographie et de Navigation.

L'amiral Labrousse, qui avait échoué dans sa candidature, avait fait construire un ballon dirigeable qui devait être propulsé par deux hélices placées à angle droit. Le quartier-maitre Richard était chargé de tenir la barre et trois matelots devaient se relayer de telle manière que deux fussent toujours occupés à mettre chacun une hélice en rotation. Malgré l'heure indue du départ de cet aérostat qu'on lança au milieu de la nuit, Élie de Beaumont, un des secrétaires perpétuels de l'Académie des Sciences, âgé de près de quatre-vingts ans, assista à l'opération qui eut lieu un jour de séance. Dans le courant de la journée, le savant, chaud patriote, annonça à ses confrères qu'il avait vu le *Duquesne*, s'écartant de la ligne du vent, se diriger du côté de Lille. Il n'en était malheureusement rien ; l'action des propulseurs avait fait tourner le ballon sur lui-même avec tant de rapidité que le quartier-maître Richard avait interrompu l'expérience avec l'intention de la reprendre au petit jour. C'est ce qu'il fit, mais avec aussi peu de succès que la première fois. Alors il enleva les hélices et songea à atterrir à une heure assez matinale pour échapper aux Allemands. Malheureusement l'arbre autour duquel évoluaient les deux propulseurs débordait tant à babord qu'à tribord. Dans le traînage, la nacelle accrocha et se renversa. Richard fut jeté à terre si brutalement qu'il s'évanouit. L'ayant cru mort, les trois matelots lui prirent ses dépêches et se sauvèrent pour échapper aux Allemands et porter les papiers aux autorités françaises. Bientôt survinrent des paysans qui reconnurent que Richard vivait encore. On le porta à l'hôpital militaire qui était occupé par l'ennemi. Mais le secret fut si bien gardé que le vaillant aéronaute fut soigné et guéri sans que les Allemands aient eu le moindre soupçon de ce qui était arrivé. Comme on avait caché son ballon, on le lui rendit et il se présenta le 11 janvier à Lille où l'on avait établi une station aérostatique pour tenter le retour à Paris. Richard se mit à la disposition du commandant, et demanda à partir un des premiers avec son dirigeable. Mais la signature de l'armistice vint rendre inutiles les offres de notre brave camarade. C'est avec plaisir que nous avons vu le Ministre de la guerre récompenser son zèle et ses tribulations par une nomination dans la Légion d'honneur le 27 janvier 1906, lors de l'inauguration du monument Bartholdi.

A un certain point de vue, l'expérience du ballon dirigeable à bras de Dupuy de Lôme est beaucoup plus importante.

Le mode de propulsion que le savant ingénieur imagina est certainement inférieur à celui de Giffard, mais il a remis en honneur le ballonnet de Meusnier. Enfin le grand effort auquel il a attaché son nom a été comme un engagement pris par le Gouvernement français de s'occuper de la création d'un ballon automobile.

C'est sous l'influence des travaux de Dupuy de Lôme qu'il convient de rapporter ceux qui ont eu lieu en France et ont tenu l'opinion en éveil jusqu'à ce que les progrès de des moteurs à pétrole aient ouvert à la navigation aérienne une nouvelle carrière.

La propulsion des ballons à bras a certainement dit son dernier mot depuis l'invention des moteurs légers. Toutefois, il n'est pas démontré que la force musculaire de l'équipage ne puisse recevoir d'emploi dans les voyages aériens. Nous pensons même que l'on devrait se préoccuper des services qu'elle semble appelée à rendre pour déplacer le ballon dans le sens de la verticale. Bien entendu, il ne s'agit pas de remplacer le sac de lest et la soupape, mais d'en régulariser l'usage. Cet effet si utile peut s'obtenir de deux façons différentes. M. Balzan, ancien président de la Société Française et vice-président de l'Aéro-Club, a fait construire un aérostat muni d'un ballonnet auquel il a donné le nom de ballon double et dont l'usage commence à se répandre.

Car ce genre de manœuvre est fort utile, même en admettant que la pression intérieure soit limitée. En effet, en descendant dans un nuage, ou même dans un air humide, on peut alourdir le ballon de manière que l'on touchera le sol et que l'on descendra parfois de plusieurs centaines de mètres sans perdre un centimètre cube de gaz. D'autres fois, au contraire, c'est un rayon de soleil qui échauffe le ballon et le fait monter à une immense altitude. Pour se servir avec intelligence du ballonnet, il faut produire des effets notables en sacrifiant, suivant les cas, le lest ou le gaz, et ne compter sur le ventilateur et le ballonnet que si l'aérostat se tient à peu près en équilibre.

On peut aussi produire les mêmes effets avec une hélice à axe vertical à laquelle on a donné le nom d'*hélice-lest*, et qui, mûe à bras par un seul homme, permet d'imprimer au ballon un mouvement appréciable. Les expériences ont été faites en 1896 au cours d'un voyage par escales qui a duré huit jours et que j'ai exécuté avec le concours de l'aéronaute Mallet.

Les opérations, tant de l'hélice-lest que du ventilateur pour ballon double, seraient grandement facilitées si l'on avait à bord un petit moteur susceptible de donner la force d'un quart, d'un tiers ou d'un demi-cheval.

Sur l'espace et la nature de ces mécanismes, on ne saurait être fixé que par des expériences aussi simples qu'intéressantes.

Malheureusement, les inventeurs appliquent généralement leur esprit à obtenir des effets considérables. Ils ne sont point assez versés en aérostation pour comprendre l'importance que des mouvements différentiels facilement réalisables ne sauraient manquer d'acquérir.

Dans l'air comme sur la terre, on doit toujours appliquer le mot de Talleyrand : « Surtout pas de zèle ! » Il faut commencer par se rendre compte si l'organe nouveau que l'on emporte rend des services représentant un poids de sable beaucoup plus grand que celui qu'il représente. Toutes ces considérations s'appliquent *mutatis mutandis* à l'ingénieuse combinaison que nous allons décrire, et à laquelle plusieurs expéditions aéronautiques inoubliables ont assuré une place d'honneur dans l'histoire de la conquête de l'air.

CHAPITRE V

LA MORT DE PILATRE

Il y aurait une histoire très curieuse à écrire, ce serait celle de la manière dont la *Ballonomanie* s'est répandue dans le monde civilisé et même dans son pays d'origine. On ne saurait croire combien sont nombreuses et instructives les anecdotes que l'on recueillerait. Mais quelqu'attrayant que soit ce tableau, nous ne pouvons entreprendre de l'esquisser. Nous nous bornerons à constater que cette émotion générale a été utile à l'extension de l'influence morale de notre patrie. Mais nous n'aurions à relater que très peu d'observations utiles au progrès de la conquête de l'air qui nous préoccupe exclusivement dans la présente publication.

La seule ville où l'on modifia d'une façon notable les ballons parisiens fut Philadelphie ; un certain nombre d'amateurs se réunirent et ouvrirent une souscription pour se donner à bon marché le spectacle d'une ascension. Ils payèrent quelques dollars à un ouvrier nommé Wilcock pour le décider à s'attacher au-dessous d'un groupe de ballonnets semblables à ceux que des marchands ambulants promènent dans les Champs-Élysées les jours de fête, et qui font la joie des enfants.

L'aéronaute, emporté par ce singulier équipage, tenait à la main un bâton armé d'un long clou à l'aide duquel il creva successivement ces globes minuscules dès qu'il voulût revenir à terre, ce qui ne tarda pas.

L'expérience réussit si bien que Blanchard, l'aéronaute français à la mode, employa un certain nombre de ballonnets dans une des ascensions qu'il exécuta en Allemagne avec un brillant succès.

Ce personnage, fort adroit mais très ignorant, était le type du commis voyageur. Il racontait des histoires niaises avec un sang-froid imperturbable. Il éprouva toutes les alternatives de la faveur et de la fureur populaire. Quand il manquait ses expériences, il devait se sauver pour échapper à la foule. Les autorités étaient obligées de le jeter en prison pour l'empêcher d'être lapidé, mais quand il était parvenu à s'enlever dans les airs, on le recevait en triomphateur. Il n'avait plus à craindre que d'être étouffé par les fleurs qu'on lui lançait. Avec moins de violence, les spectateurs de nos jours ont conservé vis-à-vis des aéronautes les mêmes dispositions, et les plus difficiles à satisfaire sont loin d'être ceux qui ont passé au tourniquet.

Les Montgolfiers sont les premiers entrepreneurs d'ascensions qui aient eu l'idée d'augmenter l'intérêt de l'expérience en y faisant figurer une femme. L'ainée des filles de l'air fut une jolie Lyonnaise qui se nommait Mme Thible.

Lunardi, qui inaugura les ballons à Londres, avait pris dans sa nacelle une Française, Mme Sage. Blanchard ne pouvait négliger cette manière d'intéresser les spectateurs. Il épousa une charmante paysanne beaucoup plus jeune que lui, qui participa à ses ascensions et en exécuta seule un grand nombre. Elle finit par périr à Paris, près du jardin de Tivoli, aujourd'hui la gare Saint-Lazare. Cette amazone de l'air s'était enlevée en emportant un feu d'artifices en pleine activité. Un monument érigé au Père-Lachaise perpétue le souvenir de cette femme courageuse qu'aucun péril ne rebutait. De petite taille, elle exécutait ses ascensions dans un ballon tout à fait mignon.

Dans l'expérience fatale qui termina brusquement la carrière

de cette martyre de l'aérostation, le feu avait pris au gaz qui
sortait du ballon. La vitesse verticale était trop grande et la
couronne en feu n'avait peut-être pas été assez écartée de
l'appendice. Mme Blanchard était si leste et si adroite qu'elle
aurait échappé à la mort si la nacelle, qui était tombée sur
une maison, ne s'était accrochée à une gouttière, de sorte que
l'infortunée fut préci-
pitée sur le sol.

La catastrophe de
Mme Blanchard ne fut
malheureusement pas
la première que l'on
eut à déplorer.

Celui qui inaugura
la liste funèbre fut
précisément l'intré-
pide Pilâtre de Rozier.
Blanchard, le mari
de celle dont nous
venons de décrire la
fin tragique, fut in-

La nacelle de Blanchard.

directement la cause fortuite de ce triste événement.

Le 15 janvier 1785, Blanchard s'enleva avec son vaisseau
volant du rocher de Shakespeare, près de Douvres ; une heure
après, il atterrissait sans accident près de Guines, avec un
docteur américain assez hardi pour l'accompagner dans sa
magnifique performance, à la suite de laquelle on le nomma le
Don Quichotte de la Manche. La traversée du détroit était la
plus rapide exécutée à cette époque où l'on ne connaissait
encore pas le nom de Fulton, ni à peine celui du marquis de
Jouffroy.

La ville de Calais fut émue et elle se décida à donner à

Blanchard des preuves incontestables de son enthousiasme.

Le lendemain matin, le maire se rendait solennellement au-devant de Blanchard et lui remettait, dans une boîte en or, le titre de Citoyen de la ville. On élevait à la hâte un petit monument dans la forêt de Guines à la place où son ballon avait atterri.

Quelques jours après, le Roi mandait Blanchard à Paris et lui remettait le brevet d'une pension de 1 200 livres sur sa cassette. Le soir, Marie-Antoinette plaçait sur une carte une mise importante et le courtisan qui tenait la banque avait le bon esprit de se laisser battre à plate couture.

Pendant que les ballons se propageaient, Pilâtre avait réfléchi au moyen ingénieux proposé par le lieutenant Meusnier pour utiliser les courants superposés dans l'atmosphère et il avait découvert, pour en profiter, un procédé qu'il croyait plus simple que l'emploi du ballonnet. Il proposait de marier les deux appareils rivaux et de créer le ballon-montgolfière. Le ballon soutiendrait la montgolfière et celle-ci donnerait la force ascensionnelle suffisante pour la manœuvre. Au lieu de jeter des sacs de sable, ou d'ouvrir la soupape pour laisser le gaz s'échapper dans l'atmosphère, on n'aurait qu'à brûler dans le foyer quelques poignées de paille pour récupérer l'altitude que l'on avait perdue.

Que d'amis passionnés de la navigation aérienne béniraient l'inventeur rendant pratique l'invention de Pilâtre et trouvant le moyen d'allumer sans danger du feu à côté d'un magasin à poudre, suivant la belle expression de Charles, lequel condamna d'une façon trop absolue l'expérience qui ne fut même pas tentée, si nous en croyons Maisonfort, qui assista à la lamentable tragédie aérienne et qui faillit en être victime ! En effet, ce littérateur avait offert à Pilâtre une somme considérable pour l'accompagner. Mais ce dernier refusa noblement en disant : « L'affaire n'est point assez sûre pour que je prenne un passager. »

Pilâtre avait trouvé un dispositif peut-être efficace, mais en tout cas ingénieux et simple. C'est une condition essentielle à laquelle les nombreux inventeurs qui ont voulu réaliser sa conception n'ont pas prêté une attention suffisante. Généralement, leurs combinaisons péchaient surtout par la complication. Nous avons vu à une époque récente un habile artiste construire une montgolfière complète avec un fourneau à pétrole magnifique qui devait être attachée au-dessous de la nacelle d'un ballon ordinaire. Le conducteur de la montgolfière devait se trouver dans une nacelle spéciale située 12 mètres plus bas que le plancher de celle du ballon. Les deux opérateurs qui ne se voyaient point devaient s'entendre par un tube acoustique portant la voix d'une nacelle à l'autre. Cet équipage bizarre, qui a été exposé en 1889, n'a pu être mis en pratique, heureusement pour les expérimentateurs.

La montgolfière de Pilâtre était un cylindre en toile de 4 ou 5 mètres de diamètre qui traversait de part en part le ballon ; puis à 3 ou 4 mètres plus bas que l'extrémité inférieure du tube de toile était attaché le foyer placé dans la nacelle unique.

En surveillant le feu avec prudence, on pouvait espérer que jamais les flammèches n'atteindraient la région que le gaz pouvait envahir.

Combien il est à regretter que Pilâtre ait succombé avant d'avoir pu allumer le foyer qu'il avait combiné avec un soin si remarquable.

Le gonflement de son ballon-montgolfière était difficile et ne pouvait être tenté pour la première sortie que par un beau temps ; malheureusement, cet homme intrépide tenait à inaugurer son système par un coup d'éclat. Il voulut prouver sa valeur en traversant la Manche, mais d'une façon plus difficile que Blanchard ne l'avait fait. Il se rendit à Boulogne-sur-Mer et annonça son intention de se rendre en Angleterre en profitant non point seulement de brises favorables rencontrées par hasard dans la basse atmosphère, mais de courants aériens qu'il irait chercher en cas de besoin jusqu'aux limites de l'air respirable.

La Fortune lui fut obstinément contraire. Deux fois, la brise qui survint pendant le gonflement fut tellement forte que le ballon se déchira.

La troisième fois, les circonstances furent bien plus déplorables encore. L'équipage aéronautique s'éleva à une cinquantaine de mètres, mais ce fut pour se déchirer avant que Pilâtre ait eu le temps d'allumer son foyer ; la nacelle retomba à terre à quelques pas du point d'où elle était partie.

Lorsque les assistants approchèrent pour venir en aide aux naufragés ils constatèrent avec effroi que Pilâtre et son aide, le jeune Romain étaient broyés par le choc terrible et ne donnaient plus signe de vie.

Les deux victimes de ce drame furent pieusement enterrées dans un cimetière voisin de l'endroit d'où ils s'étaient élevés pour retomber si malheureusement à quelques pas de distance.

La ville de Boulogne conserve précieusement dans son musée les restes de l'esquif aérien de Pilâtre, et une pierre tombale, non un signe de triomphe comme celui de la forêt de Guines, indique la fosse où reposent les restes du premier des mortels qui ait inauguré les promenades aériennes et qui ait péri à la suite de son héroïque tentative. Par surcroît d'horreur, la catastrophe se produisit sous les yeux mêmes d'une jeune Anglaise qu'il devait épouser aussitôt après la réussite de son expérience.

CHAPITRE VI

LE BALLON DE FLEURUS

Il n'est point inutile de rappeler que les chefs de la première République française et la masse des républicains ne
rêvaient point de conquérir l'Europe. Ils étaient dévoués aux
idées de propagande et de progrès pacifiques. C'est malgré
eux qu'ils ont pris les armes pour défendre les libertés populaires contre les despotismes étrangers.

Mais, quand ils virent que les coalitions menaçaient leur
patrie et leurs libertés, ils développèrent une énergie indomp-
table et ils employèrent à la défense nationale toutes les
sciences modernes.

Dans ce grand mouvement, on ne pouvait oublier les ballons. Guyton de Morveaux, le Dijonnais célèbre dont nous
avons déjà entretenu nos lecteurs, proposa de les employer
comme observatoires volants à la direction des mouvements
stratégiques.

C'était une idée belle et ingénieuse, que les autorités militaires se mirent en devoir d'appliquer d'une façon sérieuse.

Il ne faut pas omettre d'ajouter à la gloire des ballons et
des aéronautes de la première République que l'infâme Marat
ne cessa de vitupérer contre les expériences aériennes : le
pourvoyeur de la guillotine les avait en horreur parce que
Charles l'avait surpris en flagrant délit d'escamotage lorsqu'il

essayait de soutenir les théories qu'il avait imaginées en exécutant des *expériences frauduleuses*.

Mais ces vitupérations haineuses étaient frappées d'impuissance parce que le peuple avait foi dans l'art nouveau qui faisait l'orgueil de tous les vrais Français. Le 10 août 1792, lorsque la foule envahit son laboratoire du Louvre, Charles n'eut qu'à se nommer et à montrer son *Globe*, pour que le sanctuaire de la science fut immédiatement évacué et qu'on le laissât tout entier à ses expériences.

L'emploi des ballons à la guerre était entouré d'une foule de difficultés de toutes sortes. La manière dont le comité scientifique de la Convention Nationale parvint à les surmonter est un des plus beaux exemples que l'on puisse citer pour montrer ce que peut l'amour de la patrie.

Le soufre était tellement rare à cause du blocus maritime que l'on ne pouvait songer à employer l'acide sulfurique à la décomposition de l'eau pour produire le gaz en campagne. D'après le conseil de Lavoisier, on s'adressa au fer chauffé au rouge dans un tube où l'on envoyait de la vapeur d'eau.

Le procédé était long, pénible, dangereux même, mais on eut bientôt préparé le matériel nécessaire et dressé à la manœuvre les soldats chargés de la manipulation. Les récits que l'on possède des aventures de ces braves recrues sont d'un intérêt véritablement épique. C'est dans le vieux château de Meudon, où se trouve actuellement l'observatoire, que furent établis les ateliers du Comité des Ballons de la première République.

Les aérostiers étaient des étudiants, de jeunes commis, des clercs de notaire, enchantés de servir la République dans une spécialité qui affichait dans le ciel une marque de la supériorité scientifique de la France.

L'organisation de ce mode de gonflement donna naissance

à un incident des plus curieux, à la suite duquel un des savants
physiciens des plus célèbres et des plus utiles à la conquête
de l'air, fut providentiellement tiré de l'obscurité dans laquelle
il aurait peut-être végété jusqu'à sa mort.

Les premières expériences de gonflement avec l'hydrogène
obtenu par la décomposition de la vapeur étaient exécutées à

Le vieux château de Meudon où fut construit le ballon de Fleurus.

la place de la Révolution, aujourd'hui place de la Concorde.
Elles attiraient un grand concours de curieux.

Un jeune homme qui passait par là s'arrêta un certain
temps, examina les opérations d'un air de connaisseur et se
retira en haussant les épaules, en s'écriant d'un air mécontent :
« Que l'on prend de peine pour un piètre résultat ! »

Cette exclamation fut entendue par un patriote qui en fut
frappé. Celui-ci se mit à suivre l'individu qui venait de prononcer ces dédaigneuses paroles, et le vit entrer dans une
maison ; il s'assure qu'il y demeure et apprend qu'il se nomme
Conté. Alors ce zélé républicain note la maison, va rapporter
ce qu'il a appris au grand Carnot. Celui-ci fait venir immédia-

tement le jeune homme qui appartenait à une famille de pauvres paysans de l'Orne habitant les environs de Seez, chef-lieu ecclésiastique de cette partie de la Normandie.

Par une coïncidence remarquable, il s'était occupé déjà d'aérostation. En 1785, Dutriche-Valazet, célèbre avocat d'Alençon, qui devait jouer plus tard un grand rôle à l'Assemblée Nationale, se mit en tête de lancer un ballon. Mais il échoua complètement, et le jeune Conté qui assistait à l'expérience lui indiqua les moyens de réussir, ce qui fut fait immédiatement.

Par une circonstance étrange, dans laquelle les anciens auraient certainement vu un présage, le ballon ou plutôt le ballonnet, lancé par la main de cet opérateur inexpérimenté tomba près de la misérable chaumière où celui qui l'avait lancé avait vu le jour.

Carnot, qui se connaissait en hommes, fut enchanté de ce que Conté lui dit et l'envoya à Guyton qui utilisa ses conseils.

Immédiatement on établit un fourneau sur la terrasse des Feuillants et l'on gonfla un ballon dans la salle des Maréchaux, la plus grande et la plus belle du Palais des Tuileries.

Les expériences auxquelles Conté fut définitivement attaché comme ingénieur, continuèrent au vieux château de Meudon, sous sa direction, et il fit successivement une série de découvertes intéressantes, qui furent mises en usage dans l'aérostation militaire jusqu'à la suppression de ce bataillon spécial.

On en fit même un manuel que l'on a conservé dans les bureaux de la Guerre où il est possible de le consulter, avec quelque protection toutefois.

Aussitôt que les appareils purent donner 600 mètres cubes, ce qui était la ration d'un ballon captif de la première République, on commença les ascensions sur la terrasse de Meudon. Elles furent exécutées devant les commissaires de la Conven-

tion Nationale par Coutelle, ancien séminariste. Elles étaient
exécutées à l'aide de deux cordes pour éviter que l'ennemi ne

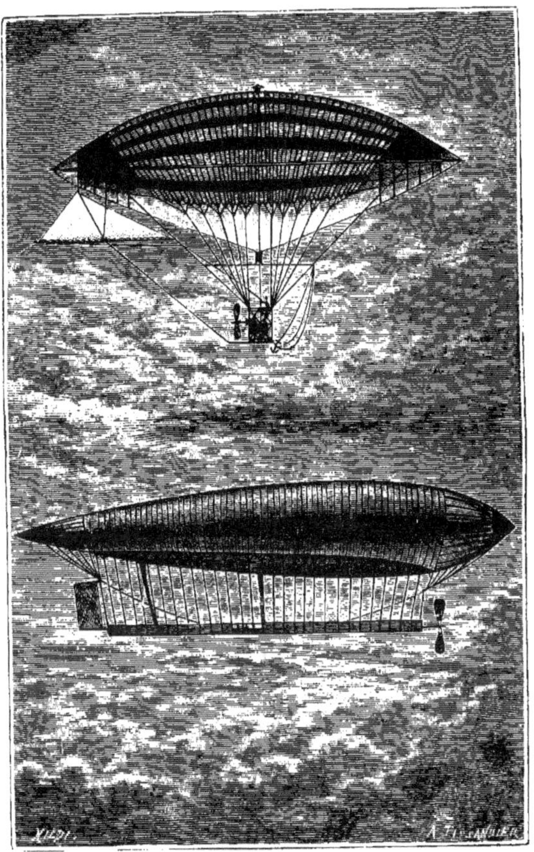

Les dirigeables électriques.
Les frères Tissandier, Renard et Krebs.

libérât le ballon par un coup heureux, car il était difficile de
supposer que les deux câbles fussent tranchés à la fois.

Toutes les cordes terminant le filet étaient réunies de façon
à former les deux câbles ; cette disposition permettait d'orienter
la traction de la façon la plus avantageuse en tenant compte

de la direction du vent. Naturellement elle avait lieu à bras d'homme et les soldats, en s'accrochant aussi haut qu'ils pouvaient sauter, alourdissaient de la façon la plus simple l'aérostat de tout le poids de leur corps.

Les aérostiers étaient arrivés à une grande dextérité, et cette sorte de gymnastique leur plaisait beaucoup, surtout en présence de l'ennemi.

Les Commissaires commencèrent par demander à Coutelle de s'élever à plus de 100 mètres, hauteur triple de celle que Pilâtre avait atteinte dans les jardins Réveillon. Pour ses débuts, il avait rempli cette condition et, dans cette altitude alors extraordinaire, il put envoyer des signaux convenus et recueillir les renseignements qu'on lui demanda. Toutes ces observations réussirent et furent parfaitement contrôlées avant que Coutelle partit pour l'armée avec le grade de capitaine qui lui avait été donné en récompense de la capacité dont il avait fait preuve et de son dévouement irréprochable.

Lorsqu'il quitta Meudon, il avait démontré d'une façon irrécusable qu'il pouvait explorer tout à son aise l'ensemble d'un vaste district ayant 50 kilomètres de rayon. Aucun mouvement de troupes ne lui échappait quand son œil était armé d'une bonne lunette. D'autre part, les signaux qu'il faisait étaient visibles de tous les points situés dans ce vaste périmètre.

La compagnie que commandait Coutelle ne comptait pas plus de 50 hommes, chiffre notoirement insuffisant lorsqu'il y avait du vent; mais dans ce cas l'on n'avait aucune peine à renforcer l'effectif avec des soldats tirés des autres bataillons et pour qui cette corvée était comme un agréable délassement.

Quant aux aéronautes en titre, ils étaient aussi fiers du ballon en étoffe rouge qu'ils portaient sur leur uniforme, que leurs successeurs du bataillon de Versailles peuvent l'être aujourd'hui.

Nous n'entrerons pas dans le détail des opérations straté-giques qui ont été suggérées au gé-néral Jourdan par les observations du capitaine Cou-telle qui suivait du haut de sa nacelle les moindres mou-vements des trou-pes confédérées pendant la bataille de Fleurus, car il n'est plus néces-saire d'établir l'u-tilité de ce genre de renseigne-ments. Nous nous contenterons de rappeler qu'ils étaient envoyés au chef français d'une façon fort pénible. Coutelle écrivait ses notes sur un

Le ballon de Fleurus.

morceau de papier qu'il attachait à un petit sac de lest. Celui-ci était lancé à terre, et était ramassé par un aide de camp qui le portait immédiatement au général.

Le ballon de Fleurus ne fut pas le seul employé à la défense de la patrie, mais il a été considéré dans l'histoire comme le type de tous ceux qui ont été construits à la même époque.

L'armée du Rhin en possédait un tellement étanche qu'il fut gonflé en France et transporté jusqu'à Vienne où il servit à faire des ascensions captives.

L'ennemi se rendait parfaitement compte de la valeur stratégique et morale du ballon militaire français et il multipliait ses tentatives pour l'abattre. Dans le camp, le ballon était débarrassé de sa nacelle et écrasé contre terre à l'aide de sacs de lest attachés aux cordes d'équateur. Puis, afin de compléter la protection contre le vent, on attachait sur le filet de grandes toiles.

Une nuit, des rôdeurs ennemis, profitant des ténèbres, s'approchèrent de l'aérostat et le criblèrent de balles. Le ballon ne tarda point à s'affaisser, mais dès la pointe du jour, les aérostiers militaires réparèrent les trous et le lendemain, l'aérostat portait de nouveau le pavillon français et reprenait, à la grande consternation de l'ennemi, le cours de ses triomphantes inspections.

Ce que l'on peut constater dans tous les récits du temps, c'est que la vue du ballon inspirait aux troupes républicaines la confiance qui conduit à la victoire. Lorsqu'il flottait en l'air, elles étaient convaincues qu'il était impossible à l'ennemi de les surprendre, et elles étaient persuadées que leurs chefs les conduisaient d'un côté où elles allaient surprendre l'ennemi et le mettre facilement en déroute.

Naturellement, la vue de l'aérostat produisait un effet tout à fait contraire sur les soldats de la coalition.

La simple apparition de ce maudit *Entreprenant* (nom sous lequel le ballon de Fleurus était désigné), ou de l'un de ses frères, suffisait pour les déconcerter et, pour ainsi dire, commencer la défaite, avant que les premiers coups de feu aient été échangés. En outre, dès que l'ennemi l'apercevait planant, il craignait que le moindre de ses mouvements fût connu et signalé à l'état-major républicain.

L'utilité des aérostats était un axiome dans les armées françaises lorsque le Directoire exécutif organisa l'armée d'Égypte.

Les meilleurs ballons ayant été embarqués à bord d'un des navires de la flotte, les appareils de gonflement furent placés dans la cale d'un autre. Malheureusement celui-là fut coulé à la bataille d'Aboukir, de sorte que, faute de gaz, les enveloppes ne purent servir. Elles revinrent en France après la capitulation du général Menou dans le même état qu'elles en étaient parties trois années auparavant.

Cependant le général Bonaparte voulut employer, lui aussi, ces mobiles aériens qui avaient fait déjà tant de bruit dans le monde. Mais il chercha à le faire d'une façon qui fût en harmonie avec son caractère et ses procédés de gouvernement. Son intention était de faire croire à la population indigène qu'il disposait en quelque sorte d'un pouvoir surnaturel. Les Musulmans répondirent d'une façon éloquente sans avoir à prononcer une parole, car leurs yeux ne se portèrent point une seule fois sur les montgolfières splendidement décorées que Conté et Coutelle expédièrent de la place du Caire.

On sait que l'armée d'Égypte était accompagnée d'une mission scientifique commandée par Monge, et les hommes les plus illustres de l'époque. Les aéronautes jouèrent un rôle brillant dans cette pléiade d'ingénieurs, de chimistes et de physiciens ; mais nous n'avons point à l'examiner.

Lors de leur retour en France, ces hommes si dévoués à la science et à la grande cause de la conquête de l'air, furent vivement affectés, car le service aérostatique n'existait plus : il n'avait pas survécu à la liberté! Le général Bonaparte, nommé premier consul à la suite du coup d'État de Brumaire, l'avait supprimé, et cela dans des conditions qui méritent d'être signalées.

Jaloux de compléter le système d'éducation des officiers d'artillerie et du génie, le Directoire avait décidé que l'établissement aérostatique de Meudon serait transformé et remplacé par une section de l'école d'artillerie et de génie que l'on établissait à Metz, où elle a fonctionné jusqu'en 1870 avec beaucoup d'éclat. En conséquence, on envoya dans cette place forte le ballon de Fleurus qui resta depuis dans l'arsenal de cette ville jusqu'à la capitulation du maréchal Bazaine ; les officiers d'artillerie et du génie se partagèrent les morceaux de cet aérostat pour éviter que cet emblème glorieux ne tombât entre les mains allemandes et les restituèrent à l'État lors de leur retour en France.

Quant à l'établissement aérostatique, le premier consul se garda bien de le reconstituer ; l'aérostation militaire disparut purement et simplement en France. Elle ne devait renaître qu'après l'année terrible dans les circonstances que nous aurons à rapporter.

Nous dirons seulement que si l'aérostation militaire fut oubliée en France, elle ne cessa pourtant pas de jouer un rôle dans l'histoire du monde, elle fut employée dans deux guerres célèbres : le siège de Venise par les Autrichiens et par l'Armée du Nord aux États-Unis contre les esclavagistes.

CHAPITRE VII

GLOIRE ET DÉCADENCE DU « GÉANT »

Un peu après 1860, certains adeptes de la navigation aérienne crurent qu'ils arriveraient plus rapidement à lutter contre la pesanteur et les caprices des vents en renonçant à se servir de l'invention de Charles.

On constitua une Société qui avait pour but d'imiter les oiseaux, en créant des appareils volants de systèmes plus ou moins variés, mais ayant tous pour base une force propulsive mécanique imprimée soit à des hélices, soit à des ailes battantes.

Banquet à bord du *Géant*.

Mais l'argent faisant défaut pour mettre à exécution ces idées théoriques, on constitua à Paris, une Société dite *Le plus lourd que l'Air*.

Cette Société dut commencer par faire le sacrifice de ses répugnances et de ses sympathies. Elle fit construire un ballon de proportions inusitées, auquel elle donna le nom de *Géant*.

Ce *Géant* devait être consacré à faire des ascensions payantes dans les principales villes de France et d'Europe, et le bénéfice provenant de ces représentations devait être consacré à constituer le premier *aéronef*, le premier oiseau artificiel qui mettrait fin à la ballonomanie. L'humanité reprendrait sa course triomphante vers la conquête de l'air par l'hélice victorieuse. Le *Géant*, en fils ingrat, débarrasserait l'humanité du souvenir de ce maudit Montgolfier qui, aidé par Charles, son complice, avait engagé le progrès dans une voie fatale.

La nacelle du *Géant* était bien loin de ressembler à celle des premiers aéronautes qui était un objet d'art décoré de peintures allégoriques. C'était un immense panier d'osier ayant la forme extérieure d'un omnibus. L'impériale était garnie d'une balustrade et de bancs de forme rectangulaire. C'est là que se tenaient les voyageurs. On descendait par une échelle dans l'intérieur garni de couchettes toujours vides ; on y entrait par une porte qui s'ouvrait en dehors.

L'idée de cette construction bizarre, incommode et dangereuse, avait été donnée à Nadar par la maison meublée qui figurait dans les numéros les plus courus de l'Hippodrome. Cette maison était remplie d'acteurs qui se montraient bruyamment aux fenêtres, se faisaient remplacer par des mannequins et s'esquivaient par un souterrain avant le départ du ballon.

Mais à chaque atterrissage du *Géant*, la maison de Nadar faisait la cabriole et les passagers auraient été assommés s'ils ne s'étaient pas accrochés aux cordes qui descendaient du cercle.

Le premier départ fut admirablement réussi. Le Champ de Mars était couvert de spectateurs, comme aux grands jours

de la Fédération de 1789. Une des femmes du meilleur monde,
Mme la duchesse de la Tour d'Auvergne était à bord ; les voyageurs avaient des armes et des vocabulaires de toutes les
langues avec la prononciation figurée, car on devait aller en
Chine au moins, en regrettant qu'elle ne fût pas plus éloignée ;
avec le vent qu'il faisait on était sûr d'y descendre trop rapidement. Tel était ce qu'on lisait dans la *Presse*, commentant
par avance les agréables incidents du voyage. Mais le lendemain
ce journal tenait un autre langage ; le *Géant* était descendu à
Meaux-en-Brie !

A quoi tiennent les destinées des empires!...... Le *Géant*
s'était arrêté, épuisé, efflanqué, vidé de son hydrogène carboné, parce qu'Eugène Godard avait attaché à la soupape un
cordage énorme et, partant, très pesant. Les ressorts avaient
cédé et pendant toute la traversée, le gaz s'était répandu dans
l'atmosphère.

L'immense éclat de rire qui s'éleva de toutes parts nuisit
beaucoup au succès de la seconde représentation que Nadar
donna un mois après. Cependant Napoléon III, qui était sans
doute favorable à l'entreprise, assista à l'ascension. Il éleva
même la voix que l'on entendait rarement, et il s'écria de
toute sa force : « Bon voyage, monsieur Nadar! » Ce souhait
fut loin de porter bonheur aux ascensionnistes, car la descente
se produisit dans des circonstances désastreuses. Tous les
voyageurs, semés les uns après les autres dans les convulsions
du *Géant*, furent blessés plus ou moins grièvement.

Ils étaient tombés en Hanovre où régnait un roi aimable
et une dynastie qui a laissé de profonds souvenirs dans l'esprit de ses anciens sujets.

Des mains princières soignèrent les blessés français dont le
séjour fut un triomphe. Nadar avait été un des plus maltraités,
et son retour à Paris eut tout l'écho d'un événement public.

Le *Géant* fit encore quelques ascensions à Lyon et à l'étranger, mais les bénéfices que l'on devait recueillir restèrent dans la poche du public.

La Société du *Géant*, dont Nadar publia les mémoires continua ses séances, mais les travaux destinés à réaliser le *droit au vol* furent bien peu importants. On construisit un petit oiseau mécanique qui consentit, paraît-il, à faire un bond dans l'air, mais, depuis, n'a point bougé et fait partie à poste fixe des collections de la Société Française de Navigation Aérienne

Lors de l'Exposition de 1867, il se forma une Société de spéculateurs, qui se proposaient de réaliser des bénéfices en faisant exécuter des ascensions foraines par le *Géant* dont elle avait fait l'acquisition. Le but était de faire de longs voyages dans lesquels on se livrerait à des observations météorologiques et autres. On s'adressa donc à l'Académie des Sciences et à l'Observatoire impérial dirigé alors par le célèbre Le Verrier. Ce dernier établissement envoya un astronome chargé de lire les chiffres indiqués par un appareil pesant près de 100 kilogrammes, d'un volume encombrant et destiné à remplacer le baromètre et le thermomètre qui ne pesaient que quelques grammes. Au grand désespoir de ce savant, on fut obligé de laisser à terre cet instrument dont les Comptes-Rendus avaient donné une description abracadabrante.

L'ascension fut exécutée le 23 juin 1867 à l'Esplanade des Invalides au milieu d'une foule immense. La recette avait dépassé les espérances du directeur de la Compagnie.

Malheureusement, la fréquentation du champ de foire gâta les aéronautes, qui sentent trop souvent le mal de terre. A peine étions-nous entrés dans les nuages, que le pilote en chef profita de l'occasion pour descendre incognito. Il tira la corde de la soupape : un quart d'heure après notre départ de l'Esplanade des Invalides, nous roulions dans une fosse de

Bourg-la-Reine. Le charme était rompu, et le *Géant* avait pour
toujours perdu sa popularité.

Vainement, l'administration organisa encore deux ascensions. La seconde fut écourtée par une maladresse du pilote
qui ne put éviter un des arbres de l'Esplanade des Invalides.
Le *Géant* emporta triomphalement une branche. Mais cette
couronne de chêne lui coûta terriblement cher, car elle lui

Ascension du *Géant*, le 23 juin 1867.

ouvrit le flanc sur une grande longueur ; le gaz sortit à flot et
nous fûmes précipités malgré nous dans le jardin du collège
de Juilly. C'était le jour de la fête du principal et les élèves
restèrent persuadés que nous avions choisi notre atterrissage
en raison de cette circonstance. L'astronome que l'Observatoire avait envoyé fut légèrement blessé et les Pères le soignèrent admirablement. Mais Le Verrier se fâcha et la troisième fois, nous ne vîmes point de délégué.

Parmi les passagers de ce dernier voyage se trouvaient
deux ingénieurs des mines fort distingués, l'Italien Giordano
et le Français Simonin, rédacteur du *Moniteur Universel* et de

la *Revue des Deux Mondes*. La presse avait envoyé deux personnages qui, l'un était Jules Vallès, rédacteur en chef de la
Rue, l'autre, Paschal Grousset, journaliste influent et littérateur fort populaire sous le pseudonyme d'André Laurie ; il est
en ce moment député de Paris.

Le dîner fut très gai et l'on chanta des couplets improvisés à bord, qui figurèrent dans les colonnes du journal de
M. de Girardin.

Mais, hélas ! le capitaine forain qui nous guidait ne fut
pas touché par cette poésie dans laquelle on prédisait gaiement
aux passagers un long et agréable voyage. Il profita d'un
moment où le journaliste qui le surveillait avait détourné la
tête pour ouvrir la soupape et commencer la dégringolade qui
nous permit de prendre pied trop rapidement à notre gré à
quelque quarante kilomètres de Notre-Dame, dans la direction
de Verdun. Cette tentative d'ascension émouvante fut la dernière
et jamais plus le *Géant* ne sortit de l'oubli où l'enlisèrent ses
ridicules escapades.

Les ballons les plus gros ont tous un défaut, c'est qu'une
fois qu'ils ont quitté terre, et même une fois qu'ils sont
dressés, l'œil n'apprécie plus aussi facilement leurs immenses
proportions. Tout est si grand dans l'empire de l'air qu'ils ne
paraissent qu'une simple bulle de gaz. Afin d'éviter cette illusion fâcheuse, lorsqu'on veut produire un effet moral sur la
population d'une grande ville, les propriétaires du *Géant*
avaient eu l'excellente idée de lancer en même temps un
ballon de comparaison. Ils obtinrent de l'Empereur la faveur
de se servir d'un aérostat que Sa Majesté avait fait construire
par les frères Godard après la guerre d'Italie. Il était en
magnifique soie de Lyon ; mais, aussitôt acheté, on l'envoya au
garde-meuble, il n'en sortit que pour permettre à M. Flammarion, déjà célèbre comme astronome et rédacteur au *Siècle*,

Le *Géant* dans une plaine de Bourg-la-Reine.

d'en faire usage d'une façon brillante pour exécuter une série
d'ascensions qu'il raconta dans son journal et dans ses

Voyages aériens et produisirent une vive sensation. M. Flammarion prêta son aérostat à la Compagnie du *Géant* pour l'occasion de son dernier voyage ; il en résulta que la foule put se faire une idée plus précise des dimensions exceptionnelles de l'énorme sphère qu'elle voyait s'enlever pour la dernière fois.

La question de la conquête de l'Océan aérien par des appareils plus lourds que l'air n'a pas été abandonnée ; au contraire, il est difficile de rencontrer une branche industrielle qui ait inspiré un aussi grand nombre de chercheurs, dont la ténacité doit d'autant plus être louée que toutes les tentatives n'ont jamais donné de résultats encourageants jusqu'à ces derniers temps.

Comme le ballon, *le plus lourd que l'air* a eu ses martyrs ; nous citerons entre autre, un célèbre inventeur allemand, Otto Lilienthal, ingénieur mécanicien à Berlin. Ce savant avait créé un appareil planant à l'aide duquel il se lançait du haut d'une colline artificielle qu'il avait érigée dans ce but. Il fit plusieurs essais qui l'encouragèrent à braver une atmosphère de plus en plus agitée.

Malheureusement pour la science, il survint pendant l'expérience un coup de vent d'une violence imprévue, de sorte que l'appareil perdit son équilibre, et l'infortuné Lilienthal, précipité violemment sur le sol, y trouva la mort.

CHAPITRE VIII

LES BALLONS A VAPEUR

C'est Henry Giffard, jeune dessinateur attaché au chemin de fer de Saint-Germain, qui eut la gloire d'avoir, le premier, fait une expérience dans la libre atmosphère, avec une machine à vapeur. Cet ingénieur, destiné à devenir illustre, attacha le 24 septembre 1852 un foyer au-dessous du magasin à poudre qui flottait sur sa tête. Mais ce hardi mécanicien avait pris la précaution de pourvoir sa machine d'un jet de vapeur qui renvoyait la flamme dans la direction de la terre. Tout philosophe qui écrit l'histoire des sciences verra dans cette combinaison le point de départ de l'invention de l'injecteur qui a fait avec raison la gloire et la fortune de Giffard. Entré de bonne heure au service de l'exploitation, ce futur inventeur avait conçu un grand enthousiasme pour la machine à vapeur. Dès qu'il avait fini sa journée de dessinateur, son passe-temps habituel était de monter sur une locomotive et d'aider le mécanicien dans son voyage d'aller et de retour.

C'est ainsi, qu'en cachette, et contrairement aux règlements, il avait acquis une connaissance approfondie de tous les organes d'un appareil encore bien rudimentaire. Il s'était aperçu que les chaudières étaient beaucoup trop lourdes, les cylindres trop massifs, et il avait imaginé une machine à vapeur à haute pression.

Un docteur parisien, qui voulait employer cet organe puissant pour la direction d'un ballon d'essai, s'adressa à Giffard qui construisit un modèle fonctionnant aussi bien que celui du célèbre Camille Vert dont les exploits à l'abri du vent ont fait tant de bruit sous le règne de Napoléon III.

Un homme à système, appartenant à la famille Monge, avait calculé les dimensions qu'il fallait donner à un ballon allongé rempli de gaz hydrogène pour enlever les machines d'un transatlantique. Il trouva que la maîtresse section de son aérostat devait couvrir toute la partie de la Seine comprise entre le pont Royal et celui de la Concorde.

Giffard est mieux avisé. Au lieu d'envoyer un mémoire à l'Académie des Sciences, il commence, comme nous l'avons vu, par inventer une machine. Cette machine était excellente ; elle fonctionnait très bien et elle eut un grand succès pour les applications industrielles ordinaires. Mais Giffard vend son invention pour un morceau de pain, en ayant la précaution caractéristique de s'en réserver l'usage exclusif pour la direction aérienne qui était sa principale préoccupation.

Il prend un brevet qui est très étudié et qui constitue un véritable chef-d'œuvre. Malgré quelques erreurs, on y rencontre les éléments essentiels de la solution du grand problème que poursuivent tant d'esprits distingués.

Ce document n'a point encore été publié, parce que l'auteur était trop pauvre en 1852 pour acquitter un nombre suffisant d'annuités. Ne serait-il pas équitable qu'il fût imprimé aux frais de l'État, à qui Giffard a légué sept à huit millions ?

Le *Giffard* fut essayé le 24 septembre 1852 dans une des représentations de l'Hippodrome devant un public immense, parmi lequel se trouvait Émile de Girardin. Le grand publiciste rédigea un article fort élogieux dans la *Presse* et donna la parole à Giffard. Celui-ci écrivit un récit qui respire la bonne

foi, et qui est confirmé par le témoignage de M. Cassé, aujour-
d'hui trésorier de la Société Française. Le dirigeable exécuta
des évolutions tout à fait démonstratives. Il fut emporté par
le vent qui était trop fort pour qu'il fût possible d'en triompher avec un moteur développant trois chevaux employés
à faire tourner une hélice à trois branches de 3ᵐ,40 de
diamètre avec une vitesse de 110 tours par minute.

Gonflement du captif de l'Exposition de 1867.

Ce que Giffard omet de dire, c'est que l'invention de sa
machine légère est la cause de cette espèce de miracle qui
fait qu'un cheval-vapeur ne pesait pas plus qu'un homme,
en 1852.

La machine Giffard obtint les plus hautes récompenses à
l'Exposition de 1855 ; le spéculateur qui avait acheté le brevet
parvint à figurer seul dans le Palmarès en prétextant que
Giffard était décédé.

Cette circonstance ne fut malheureusement pas la seule
qui attrista cette période de la vie de Giffard. Il eut à déplorer
une catastrophe beaucoup plus douloureuse.

Tout semblait sourire au jeune triomphateur, mais les jours

baissaient rapidement, et la Compagnie des Ternes, qui fournissait l'Hippodrome, craignit de ne point être à même de satisfaire les demandes de ses clients, elle refusa de fournir l'hydrogène carboné nécessaire à une nouvelle expérience.

Ce refus était terrible pour Giffard qui se trouvait réduit à la misère noire. Il l'était plus encore pour l'un des deux amis qui lui avaient fourni les fonds nécessaires à ses études. L'un d'eux, qui avait disposé d'une somme d'argent qui ne lui appartenait pas, se brûla la cervelle dans un accès de désespoir. Cette tragédie fut d'autant plus pénible pour Giffard, qu'il devait épouser la sœur de l'infortuné martyr d'un généreux enthousiasme.

Dès que l'invention de l'injecteur eut commencé à injecter des millions dans son porte-monnaie; il songea à recommencer ses ascensions. Il fit construire un dirigeable du même système que celui de 1852, qui fut gonflé à cette même usine des Ternes.

Comme un inventeur vulgaire désirant réussir à tout prix, Giffard voulut accroître la vitesse. Il augmenta l'allongement du navire aérien, ce qui lui devint funeste, car le ballon perdit l'équilibre et descendit, une pointe en avant, avec une rapidité croissante.

Le choc fut terrible. Se déchirant en deux moitiés, dont l'une décrivit sa parabole comme une bombe, l'enveloppe se vida instantanément; l'expérimentateur et son compagnon qui était M. Gabriel Yon, ingénieur aéronaute devenu célèbre, restèrent isolés, abasourdis au milieu des débris de la machine.

Giffard comprit dès lors qu'il fallait étudier plus sérieusement le problème le plus difficile de la mécanique moderne; il commença par appliquer la vapeur à la manœuvre des ballons captifs, et à leur donner un volume tel que l'on pouvait initier sans danger le public aux merveilles des spectacles aériens. Mais l'adaptation d'une machine à vapeur à la traction d'un ballon captif n'est pas une opération aussi simple qu'elle le paraît au premier abord. Pour qu'elle puisse réussir, il faut que le câble qui va du ballon à la poulie et celui qui va de la poulie au treuil se trouvent constamment dans le même plan, malgré la variété des positions que peut prendre la nacelle.

C'est un détail dont la solution arrêta longtemps Giffard, qui se décida à exécuter sa construction à l'occasion de l'Exposition Universelle de 1867. Il fit construire son captif dans les ateliers de M. F. Flaud, avenue de Suffren. Cette exposition mémorable mérite donc de figurer à deux titres dans l'histoire. On y vit à la fois disparaître le *Géant* et apparaître le précurseur du dirigeable à pétrole. Car Giffard n'avait nullement perdu l'espoir de placer un moteur dans la nacelle de son ballon, la machine qui restait à terre ne pouvant agir sur lui qu'à l'aide d'un câble.

Cette invention a rendu des services immenses à la cause de l'aérostation. Innombrables sont, en effet, les personnes qui ont fréquenté la nacelle des ballons captifs à vapeur que l'on a vus figurant dans toutes les grandes expositions industrielles. Si elles sont devenues moins fréquentes, c'est peut-être uniquement parce que les ascensions libres se sont généralisées. Mais c'est d'elles que sont sorties les ascensions militaires modernes qui sont pratiquées par toutes les armées contemporaines, et celles auxquelles on procède dans les observatoires météorologiques dont l'équipement est à la hauteur des progrès de la science aéronautique.

Quelque variées que soient ces applications, toutes proviennent d'un organe très simple que Giffard a créé pour son premier captif à vapeur.

Les météorologistes français, allemands, américains, etc., en font même usage pour la manœuvre des cerfs-volants à l'aide desquels ils remplacent les ballons captifs dans beaucoup de circonstances, et pas toujours avec raison. En effet, les captifs, lorsqu'on les prend d'un diamètre suffisant, ont l'avantage énorme d'emporter dans les airs un observateur. C'est ce que Glaisher, dont l'exemple doit être cité avec éloges, a parfaitement compris. En effet, il a profité de la courte session d'ascen-

Poulie de renvoi du *Captif* des Tuileries.

sion, exécutée à Londres en 1869, pour publier dans les Rapports de l'Association Britannique de cette année, une série d'observations qui est un chef-d'œuvre, n'a jamais été surpassée et n'a été que trop rarement imitée.

Les conditions nécessaires et suffisantes pour qu'aucun accident n'en trouble la traction, se trouvent remplies d'une façon admirable. Il suffit, comme le montre la figure ci-jointe, de placer la poulie au milieu d'un système à la Cardan.

Par suite de cette combinaison simple et élégante, le câble est fixé à terre de la même façon que s'il était tenu par la main d'un Titan dont les muscles auraient la force concentrée de tout un bataillon de robustes soldats, et qui aurait l'intelligence de se placer toujours dans une position convenable.

C'est encouragé par le service hors ligne de l'exploitation

du captif de l'avenue de Suffren, que Giffard se décida à expédier un ballon en Angleterre. Il fut si mal secondé par ses agents, que le ballon qu'il établit en 1868 ne put même exécuter d'ascension ; mais, comme il ne voyait dans ces grandes opérations qu'un moyen d'étudier la navigation aérienne automobile, il persista et renouvela sa tentative en 1869.

C'est le 3 mai que l'établissement fut ouvert par une grande fête anglo - française à laquelle présida Glaisher, car ce savant comprenait admirablement l'importance de la création de la météorologie à trois dimensions.

Il se produisit alors un fait sans précédents dans l'histoire de l'aérostation. Giffard donna un banquet à la presse anglaise et à la presse française, ainsi qu'à la Société de Navigation Aérienne, de Grande-Bretagne représentée par un des membres les plus sympathiques de l'aristocratie anglaise, Lord Dufferin. C'était le

Mécanisme d'attache des ballons Giffard.

souper du *Géant* revu et considérablement augmenté. Le toast loyal de Sa Majesté la Reine fut porté avec beaucoup d'enthousiasme à 300 mètres au-dessus du niveau de la Tamise. Le journaliste qui représentait la France répondit en anglais par un toast à la liberté.

Comme le vent fraîchit, on fut obligé de terminer ce repas près de terre, à l'abri du cirque de toile que Giffard avait élevé et au centre duquel se trouvait une excavation pour abriter la nacelle.

Quoique les oscillations du ballon fussent très vives, par suite du peu de longueur de la corde de retenue, les convives surent empêcher leurs assiettes de leur échapper et le reste du repas aérien se termina très gaiement.

Quinze jours à peine s'étaient écoulés depuis cette splendide inauguration que l'Agence Havas annonça au public français que le grand ballon captif *Giffard* s'était échappé avec une vitesse formidable, emportant dans sa course effrénée une douzaine de voyageurs.

Le renseignement était exact en principe, mais les détails terrifiants étaient vraiment exagérés : le ballon s'était en effet échappé, mais la nacelle était vide. L'escapade s'était produite pendant l'ascension à blanc à laquelle on procédait toujours, suivant les instructions de Giffard, avant d'admettre dans la nacelle même un aéronaute. Ce n'était pas par force ouverte que le vent avait triomphé du chanvre, mais le ballon ayant été rabattu violemment par une rafale, le câble s'était trouvé trop long. Il s'était formé deux boucles. L'une avait saisi une des poutres de l'enceinte et l'avait déracinée, et l'autre s'était fixée sur les ferrures qui servaient à consolider les parois du cirque et s'était sciée.

Le fugitif fut retrouvé, remis en place, mais la confiance avait disparu. L'affaire était perdue ; Giffard saisit un prétexte futile pour fermer l'établissement sans avoir l'air de déserter la cause de l'aérostation.

Cette catastrophe avait été une révélation pour l'esprit observateur de Giffard. Il résolut de construire à Paris un ballon captif qui cuberait 24 000 mètres, le double du ballon de Londres. Mais ce captif nouveau n'aurait plus d'entourage. Au lieu de l'excavation qui servait à abriter la nacelle, Giffard construirait une cuvette qui permettrait d'abriter la partie inférieure de l'aérostat. Quant à la nacelle, on la détachait dans

Vue du ballon captif de Londres.

l'intervalle des ascensions et on la replaçait lorsque l'on
voulait recommencer les opérations. Ce mode souterrain de

protection semble avoir inspiré celui qui est en usage de nos jours pour la protection des Dirigeables et facilite leur rentrée dans leur aéodrôme.

Giffard se prêta à une grande représentation publique dans le but de fournir de l'argent à Gustave Lambert pour l'expédition du Pôle Nord que celui-ci avait projetée. Il fit revenir de Londres le captif qui ne faisait plus ses frais et le mit à la disposition du comité de patronage.

Celui-ci le baptisa naturellement du nom de *Pôle Nord*, et le 27 juin 1869 on le fit partir du Champ de Mars, ce théâtre des premiers exploits du *Géant ;* mais la manœuvre de cette masse énorme fut excessivement difficile, le *Pôle Nord* n'eut pas plus de succès que le *Géant*. C'est une nouvelle leçon donnée aux aéronautes et leur apprenant combien ils doivent se méfier de l'hérésie des *grosseurs*. Tout doit être proportionné dans un aérostat qui, sphérique ou allongé, doit toujours être construit en vue d'un but spécial, qu'il ne faut jamais oublier un seul instant. On doit toujours opérer avec des organes dont on est parfaitement sûr.

L'on avait voulu remplacer la soupape à clapet par un disque poussé par des ressorts. L'idée était peut-être fort ingénieuse, mais elle produisit une fuite qui nous empêcha de songer à faire un voyage digne du tapage que nous avions fait. Le résultat fut aussi désastreux que celui de la corde trop pesante de la soupape de Nadar.

L'ascension n'aurait même pu être exécutée, si l'on n'avait fixé à l'équateur une cinquantaine de cordes qui furent tenues par autant d'artilleurs. Grâce à cette disposition, le départ fut très rapide et fort applaudi.

Pendant tout le cours de la route, l'effet de ces longues cordes formant un cylindre dont la nacelle était le centre, était gracieux. Même pendant le traînage, il était très pitto-

resque. Mais la fuite était trop grande pour que l'on pût
affronter la certitude de faire une descente dans les ténèbres,
avec une nacelle portant neuf voyageurs. Il fallut s'arrêter à
Auneau, à une centaine de kilomètres de Paris ; c'était un
échec. Il n'y avait pas à renouveler l'expérience. Le public

Le *Pôle Nord* dans les airs le 27 juin 1869.

qui se dérange, exige des ascensions sérieuses et il y a bien
raison.

Un autre inconvénient, c'était le poids de l'enveloppe qui
avait été construite pour servir de gazomètre à de l'hydrogène et résister à la pression du vent pendant des mois entiers.

Mais, somme toute, le Grand Ballon avait été très bien
accueilli par la population parisienne. Giffard résolut de
donner à ses concitoyens, pour le printemps de l'année terrible, le spectacle des ascensions captives du ballon projeté
de 24 000 mètres.

Il eut beau multiplier les démarches, l'autorité fut inflexible
et lui refusa impitoyablement l'autorisation de construire un
monument aérien qui aurait été si utile. En effet, quelques
mois à peine s'écoulaient et l'on établissait à la hâte, à la

place Saint-Pierre-de-Montmartre, un ballon captif de petite dimension, dans le but d'observer les mouvements de l'ennemi ; la poulie n'était attachée qu'à l'extrémité d'un faisceau de fils de fer. L'installation était grossière, elle devenait très dangereuse aussitôt que le temps se gâtait. On avait bien soin de ne tenter les ascensions que lorsque l'air était absolument calme. Le câble était manié à bras d'homme. L'installation était plus mauvaise que celle du ballon de Fleurus. Dès que le blocus fut complet, le gouvernement de la Défense Nationale eut besoin d'envoyer en province un aéronaute portant le Décret qui retardait la date des élections, laquelle avait été fixée d'une façon maladroite. On s'empressa de décrocher le *Neptune* qui, piloté par Duruof, réussit à porter cette nouvelle capitale. Les ballons du Siège avaient commencé leur carrière d'une façon éclatante. On ne songea même pas à accrocher à la place de cet aérostat célèbre un des vingt ballons qui, gonflés d'air, occupèrent bientôt la gare du Nord et la gare d'Orléans, et attiraient constamment une foule de visiteurs.

Se voyant négligé, Giffard était parti sur un des derniers trains pour la province. Le ballon qu'il avait projeté et dont l'établissement aurait retardé, sinon rendu l'investissement de Paris impossible, ne devait être construit qu'en 1878 sur les ruines du château des Tuileries, dont le dernier titulaire avait refusé d'autoriser son érection.

Les ascensions furent exécutées avec un succès constant pendant toute la durée de l'Exposition Universelle. Des milliers de spectateurs purent constater qu'on aurait pu échanger sans difficulté des signaux avec Rouen et même Orléans où les armées de secours s'étaient rassemblées.

Réduites à des proportions infimes, ne pouvant être exécutées que par une atmosphère en repos absolu, les ascen-

Le ballon captif des Tuileries.

sions captives n'ont joué aucun rôle dans la défense de Paris.

Le grand spectacle donné avec tant d'éclat en 1867 était déjà complètement oublié. Faut-il s'étonner que l'on n'ait point songé à l'expérience de direction tentée en septembre 1852?

CHAPITRE IX

LES PREMIÈRES ASCENSIONS SCIENTIFIQUES

L'abandon inattendu des ascensions militaires par le premier Consul, ne fut pas sans offrir une certaine compensation. C'est indirectement à ce résultat du coup d'État de Brumaire, que l'on doit l'organisation des premières ascensions réellement scientifiques, c'est-à-dire dans lesquelles les aéronautes se proposaient d'étudier les principales questions relatives à la composition de l'air, à la répartition de la chaleur, à la diminution de l'attraction ou du pouvoir magnétique de la terre.

Jusqu'à ce moment les voyages aériens n'avaient eu pour but qu'une promenade attrayante, et le côté physique et chimique n'avait pas encore été effleuré.

Lorsque les ballons de l'expédition d'Égypte furent ramenés en France, quelques-uns furent mis en vente par les Domaines et l'un d'eux fut acheté par Robertson, ancien élève de Charles, qui donnait des séances de prestidigitation dans une partie de l'ancien couvent des Capucines transformé en théâtre.

En 1804, ce personnage eut l'idée d'aller exercer sa double profession dans le nord de l'Europe, avec l'intention d'étudier les questions physiques que son éducation lui permettait de résoudre.

Aujourd'hui, les *Annales de Physique* de Berlin ne s'occu-

pent presque jamais de questions aéronautiques, mais il n'en
était pas de même au commencement du dernier siècle : on y
suivait avec passion les expériences faites en France.

Robertson aurait pu trouver un appui précieux auprès de
physiciens ne demandant qu'à être ses collaborateurs, mais il
ne cherchait qu'à les exploiter, à les mystifier et à les tourner
en ridicule. On peut s'en assurer en lisant le récit de ses rapports avec les notabilités académiques du pays où l'aérostation
scientifique devait prendre un si grand développement.

Il fut reçu d'une façon très distinguée par le Sénat de la
ville libre de Hambourg où il exécuta deux ascensions en hauteur devant une foule immense.

Après avoir recueilli une somme ronde, il se rendit à Saint-
Pétersbourg. Grâce aux idées de Paul Ier, la Russie était alors
en paix avec la France, et ce qui venait des bords la Seine était
reçu avec faveur sur ceux de la Néva. L'ascension eut lieu sous
le patronage de l'Empereur, à l'école des Cadets.

Par une singulière coïncidence, le centenaire des expériences de Robertson fut pour ainsi dire célébré par la réunion
du IVe Congrès International tenu à l'Académie russe au
mois d'août 1904 et dont les conséquences furent importantes pour la science. En effet, c'est dans cette réunion que
l'on décida que des ascensions seraient exécutées pour
observer l'éclipse du 30 août 1905.

En 1804, Robertson fut accompagné par Sakharof, habile
chimiste russe qui faisait partie de l'Académie des Sciences, et
était un des membres les plus influents de la Compagnie. L'ascension fut assez courte parce qu'on partit tard, afin de donner
à l'Empereur, qui s'était fait attendre, un spectacle qui était
alors digne d'une tête couronnée. Cependant elle fut intéressante ; le ballon qui avait été poussé vers la mer, fut repris
par un courant supérieur qui le ramena dans l'intérieur des

terres où Robertson descendit sans accident, après deux à trois heures de voyage.

Les observations scientifiques recueillies par Sakharof furent communiquées à l'Académie des Sciences de Saint-Pétersbourg. Robertson les réunit à celles qu'il avait rapportées de Hambourg et les plaça sous les yeux de la Société galvanique de Paris. Le récit fut vivement commenté, tant devant le corps savant que devant la première classe de l'Institut National, où elles rencontrèrent une certaine incrédulité. Il fut décidé de faire exécuter des ascensions de contrôle au Conservatoire des Arts et Métiers qui venait d'être créé et dont le directeur était précisément Conté.

On décida que l'ascension serait faite par Biot, un des plus jeunes membres de la Compagnie, et par Gay-Lussac, chimiste qui, malgré son âge peu avancé, jouissait déjà d'une grande réputation. Dans le premier départ, les deux physiciens ne purent parvenir qu'à une altitude inférieure à celle de Robertson, dont ils cherchaient à vérifier les assertions. En conséquence, il fut décidé que l'un des deux aéronautes resterait dorénavant à terre. C'est Gay-Lussac qui partit seul et dépassa l'altitude de 5 000 mètres.

Ses observations ne furent point irréprochables à cause de la rotation du ballon ; cependant elles permirent d'assurer que la force magnétique de la terre n'avait éprouvé aucune diminution sensible, comme Robertson l'avait annoncé. Gay-Lussac rapporta à terre des fioles remplies d'air à différentes altitudes. La composition de l'atmosphère fut trouvée identique ; Gay-Lussac détermina également la diminution de la température.

En outre, cette ascension enrichit la physique d'un instrument précieux, le baromètre à siphon, qui, bien mieux que le Fortin, se prête aux lectures en ballon.

D'autre part, Conté conçut à la suite de cette expérience l'idée d'un baromètre métallique qui est le point de départ de ceux dont on se sert à cette heure et qui sont devenus enregistreurs grâce à l'habileté des constructeurs français.

De 1804 à 1850, pendant quarante-six ans, il n'y eut pas en France une seule ascension scientifique digne de ce nom. Personne ne songeait à suivre l'exemple de Gay-Lussac. On eût dit que ce chimiste avait épuisé toutes les questions que l'on peut résoudre en s'essayant à la conquête de l'air.

L'aérostation pendant tout ce temps ne fut plus exploitée que par des personnages qui cherchèrent à établir leur situation en exécutant des ascensions de fête.

Il y eut aussi quelques tentatives de direction de ballon à bras ne méritant aucune mention sérieuse.

Malgré sa décadence extrême, l'aérostation profita naturellement du grand mouvement d'idées et d'expériences de rénovation sociale que produisit la Révolution de Février.

C'est à cette époque que l'Hippodrome jugea à propos de donner des représentations aérostatiques, et que l'on vit paraitre les premières filles de l'air. Eugène Godard commença alors à se faire connaitre dans l'amphithéâtre où eut lieu un peu plus tard l'ascension inoubliable de Henry Giffard.

La Direction des ballons préoccupa une foule d'esprits avides de nouveautés. Un certain Petin, marchand de bonnets de coton, accoucha d'un système baroque qui n'a jamais été construit, mais dont la *Presse* s'occupait très souvent. Il suffit de le présenter pour faire la critique de cette conception d'un esprit en délire.

L'auteur, qui faisait des conférences au Palais National, ainsi que l'on appelait le Palais-Royal, avait acquis une certaine popularité. Il trouva de l'argent pour faire construire son ballon, mais il ne put parvenir à assembler sa machine.

Son frère, qui était un riche maître de forges, finit par lui
faire une pension, sous la condition expresse qu'il abandonnerait ses chimères, et il mourut tranquille, sans avoir, paraît-il,
reçu le baptême de cet air qu'il avait juré de conquérir.

En 1848, Barral, répétiteur de chimie à l'École Polytech-

Navire aérien de Pétin qui ne pouvait être construit.

nique et rédacteur en chef du *Journal d'Agriculture pratique*,
s'aboucha avec Bixio, parlementaire bien connu qui fut un
instant ministre et propriétaire de la librairie connue sous le
nom de la Maison Rustique.

Ils proposèrent à François Arago, secrétaire perpétuel de
l'Académie des Sciences, d'exécuter des ascensions scientifiques à l'Observatoire dont il était le directeur.

Lalande, qu'Arago avait remplacé à l'Académie des
Sciences, avait été très enthousiaste de l'invention de
Charles. Il a même exécuté avec Garnerin une ascension qui
avait beaucoup préoccupé les astronomes, car il avait annoncé

qu'il irait descendre à Gotha où ses confrères s'étaient réunis en congrès. Le ballon partit de Tivoli et atterrit au Bois de Boulogne.

Arago se hâta d'accepter, et deux ascensions furent exécutées par Barral et Bixio, la première le 29 juin et la seconde, le 27 juillet 1850.

Un anneau, fixé à terre, dans le jardin et qui servit à retenir le ballon, existait encore en 1905 : c'était un vestige de ces deux ascensions qui furent des plus intéressantes. Dans la première, les deux voyageurs faillirent périr, parce que l'aéronaute qui avait fait le gonflement avait pris un filet trop petit. Le ballon creva et la descente fut vertigineuse, mais la déchirure s'étant trouvée limitée, les voyageurs aériens arrivèrent à terre sans contusion ni blessure.

Le second départ, dirigé par un aéronaute plus habile, ne donna lieu à aucun accident. Les résultats des observations fut publié dans les *Comptes rendus* avec ceux recueillis dans une cinquantaine de stations où l'on avait eu l'heureuse idée, à la suggestion d'Arago, de faire des observations simultanées. C'est une pratique à laquelle on se conforme aujourd'hui, et qui est un résultat de cette intéressante tentative.

Les deux intrépides ascensionnistes ne purent s'élever à la hauteur qu'ils voulaient atteindre, mais ils constatèrent des faits de la plus haute importance.

Ils trouvèrent une température beaucoup plus basse que celle que Gay-Lussac avait rencontrée, mais cette circonstance tenait à la présence de nuages de glace qui peuplent la haute atmosphère et qui s'étaient approchés plus qu'ils n'ont coutume de le faire de la surface sur laquelle reposent les habitations humaines.

Le savant qui pourrait deviner pourquoi ils s'élèvent ou

s'abaissent ainsi sans cause apparente, serait bien sûr de prédire les tempêtes et les orages.

Mais Arago dut se contenter d'écrire une *Instruction aux Aéronautes*, qui est un chef-d'œuvre et qui parut après son décès dans ses œuvres posthumes. En outre, symptôme précieux, équivalant presque à une déclaration de principes, il prit Barral en amitié et c'est lui qu'il choisit comme son secrétaire et comme l'éditeur de tout ce qu'il avait écrit dans sa longue et laborieuse existence.

Ces expériences, exécutées sous les auspices du plus grand physicien de l'époque, ne purent être continuées en France par suite des convulsions politiques qui nous divisèrent en ce moment, mais elles rencontrèrent un puissant écho en Angleterre, où l'aérostation scientifique n'existait pour ainsi dire pas jusqu'alors.

C'est cependant de l'autre côté du détroit que la découverte du gaz léger par excellence avait été faite par Cavendish, et c'est encore en Angleterre que le plus grand inventeur aéronautique, après Charles, a vu le jour et fait faire le plus de progrès à la conquête de l'air. En effet, c'est l'aéronaute anglais Green qui, le 19 juillet 1823, imagina, lors du couronnement du roi Georges IV, de gonfler pour la première fois un ballon avec du gaz d'éclairage. De plus, il a donné aux voyageurs aériens ce splendide ressort amortisseur qui se nomme le guide-rope.

La direction de l'Observatoire météorologique de Kew décida que l'établissement ferait exécuter des ascensions scientifiques ayant pour pilote Green lui-même. On devait partir des jardins du Vauxhall, théâtre de la gloire de ce grand aéronaute.

C'est en effet de ce parc célèbre que ce hardi praticien s'est élevé pour accomplir un voyage mémorable qui lui valut pendant une vingtaine d'années le record de la distance parcourue en ballon. Il était accompagné du littérateur Monk Masson à qui l'on doit un volume très curieux, et de quelques membres de l'aristocratie britannique. Partis de Londres au milieu d'une fête de nuit et de fusées d'artifices, les hardis pionniers de la conquête de l'air traversèrent la mer du Nord et descendirent en plein centre de l'Allemagne, dans le duché de Nassau.

En l'honneur de cette performance qui serait encore remarquable soixante ans plus tard, il donna à son ballon le nom de *Nassau*.

Dans le cours de ses ascensions, Green tomba au milieu de la Manche; sans s'en émouvoir, il attendit d'être recueilli par un des nombreux navires traversant ces parages.

Ces expériences firent sensation à Londres où était publié depuis 1845 le premier journal aéronautique qui ait paru dans le monde entier. Sa rédaction était inspirée des sentiments scientifiques les plus purs.

Les observations dans les premiers voyages aériens scientifiques pilotés par Green avaient été faites par un des aides attachés à l'Observatoire de Kew, mais ils produisirent tant d'effet que John Welsh, directeur de l'établissement, comprit que sa dignité était loin de l'attacher au rivage. Il fit donc fabriquer des instruments perfectionnés et imita Gay-Lussac, Biot et Barral à quatre reprises différentes. Chaque fois le météorologiste prenait ses mesures avec méthode, les enregistrait soigneusement, exécutait les corrections nécessaires. Enfin, il publia dans les *Transactions Philosophiques* un mémoire qui fut un véritable chef-d'œuvre scientifique.

Cet homme éminent s'apprêtait à continuer ses voyages aériens lorsqu'il fut enlevé à ses amis et à la science.

Son œuvre était du nombre de celles qu'une catastrophe personnelle interrompt, mais qu'elle ne peut anéantir.

Green tombant en mer au cours d'une expérience scientifique.

Après des péripéties et des lenteurs sur lesquelles il

serait fastidieux d'insister, l'Association Britannique pour l'avancement des sciences prit les ascensions scientifiques sous son patronage. L'astronome chargé de les exécuter fut James Glaisher. La Société ne pouvait faire un choix plus heureux, puisque comme Welsh, il était le chef d'un grand établissement météorologique. C'est lui qui sous l'autorité de John Airy dirigeait cet important département de l'Observatoire royal de Greenwich. Dans toutes les branches du service, il avait apporté des améliorations remarquables.

Le Comité de l'Association avait commencé par s'adresser à Green. Mais le *Nassau* ayant crevé pendant qu'on le gonflait pour organiser le premier départ; on déclara tout d'une voix qu'il était trop vieux ainsi que son aérostat; on le congédia et on donna la tâche de pilote à Henry Coxwell, l'aéronaute anglais le plus réputé de l'époque après celui dont l'âge avait terminé la carrière.

Green se résigna à prendre sa retraite; il habitait dans un quartier du nord-est de Londres une jolie maison de campagne qu'il avait appelée *Aerial Villa* et où il vivait avec son *Nassau*. Quelques années plus tard, nous allâmes le visiter. Il nous reçut avec une cordialité touchante et nous a donné une foule de conseils dont nous avons fait notre profit; il nous raconta aussi des anecdotes très curieuses, dont nous ferons usage. Quoiqu'il se doutât bien qu'il était arrivé au bout de sa carrière, il se portait à merveille, et nous parla de l'avenir de l'aérostation avec une sérénité touchante.

CHAPITRE X

LES VOYAGES AÉRIENS

Le volume des *Voyages aériens* publié en 1870 par la maison Hachette renferme l'histoire de plus de soixante expéditions aéronautiques exécutées en France et en Angleterre, pendant les six ou sept années précédant son apparition. Toutes ces excursions avaient pour but d'étudier la constitution de l'atmosphère et les conditions dans lesquelles les ballons peuvent être employés pour le sport, la science et l'art. C'est une collection unique dans son genre, dans laquelle

C'est le diable.

les voyageurs eux-mêmes prennent la parole pour faire confidence au public de leurs impressions, de leurs remarques et encore quelquefois de leurs découvertes.

Cet ouvrage accompagné d'illustrations dont quelques-unes sont en chromo-lithographie, et de diagrammes, donne une idée de l'état dans lequel se trouvait la navigation aérienne à la veille du siège de Paris.

Le succès en a été bien réel, car ce volume atteint aujourd'hui un prix bien supérieur à celui de son apparition. Il a été traduit en anglais par Glaisher lui-même, en allemand et en suédois. De plus, il a visiblement inspiré une publication analogue faite à la fin du XIXe siècle par une librairie allemande sous le patronage de l'empereur Guillaume et conçu sur un plan beaucoup plus étendu. En effet, la collection des *Voyages Aériens Scientifiques* allemands se compose de trois volumes in-4°, qui ne comprend pas moins de 80 voyages exécutés par les membres de la Société Aérostatique de Berlin ; cet ouvrage monumental se vend 100 marks (125 francs).

Le dernier volume contient les discussions des conclusions scientifiques auxquelles sont arrivés les savants dont les impressions de voyage ont été rapportées.

Au nombre de trente, les ascensions de Glaisher forment la première partie des *Voyages aériens* publiés à Paris. Les conclusions du savant anglais sont analogues à celles qui ont été formulées par M. Camille Flammarion dans les 12 excursions scientifiques exécutées avec l'*Impérial*, ce magnifique ballon construit par Eugène Godard pour le compte de l'Empereur, dont nous avons entretenu nos lecteurs à propos du *Géant*.

C'est dans les colonnes du *Siècle*, alors le journal de l'opposition républicaine, que M. Flammarion fit paraître le récit de ses excursions. Ce littérateur habile sut combiner le véritable esprit scientifique avec l'humour parisienne.

De toutes les ascensions de Glaisher, la plus intéressante et la plus dramatique fut certainement celle du 5 septembre 1862 dans laquelle il perdit connaissance après avoir dépassé l'altitude de 8000 mètres.

Glaisher dans sa nacelle.

C'est cet incident caractéristique qui fut l'origine de l'emploi du gaz oxygène pour vaincre les effets de la raréfaction de l'air qui devient de plus en plus terrible à mesure que la hauteur s'accroît.

L'emploi de l'oxygène double presque l'étendue de la zone que les enfants de la terre peuvent explorer sans danger ; mais au delà, la dépression de l'air reprend ses droits ; ceux

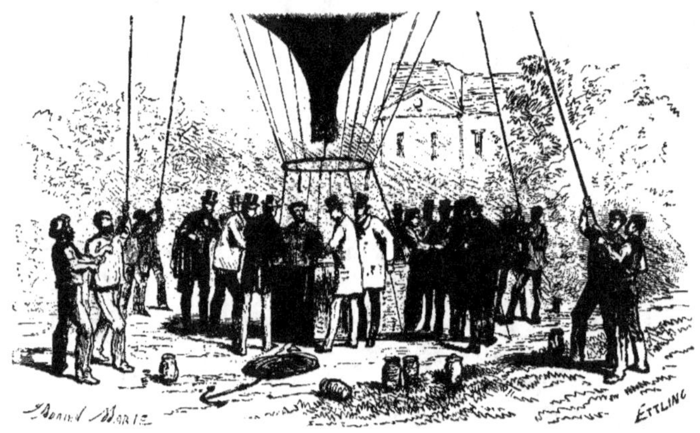

Premier départ de M. Flammarion.

qui voudraient étendre outre mesure les bénéfices de cette innovation, compromettraient infailliblement leur existence.

Camille Flammarion eut quelque peine à décider le maréchal Vaillant, ministre de la Maison de l'Empereur, à accorder l'autorisation de se servir de l'*Impérial*. Il fallut revenir trois fois à la charge d'une façon pressante pour triompher des raisons spécieuses que ce grand personnage opposait à une demande si inoffensive et compromettant si peu les institutions que la volonté nationale nous avait données aussitôt qu'elle avait été éclairée par le coup d'État.

C'est le jour où la fête de l'Ascension de Jésus-Christ était célébrée en 1867 que le jeune astronome reçut le baptême de l'air.

Piloté par Eugène Godard, il n'eut à souffrir d'aucun incident fâcheux. Il admira à son aise les splendeurs du firma-

Mirage observé en ballon par M. Flammarion.

ment, et les spectacles qu'il contempla plus d'une fois exercèrent une heureuse influence sur le développement de son talent naissant. Que d'astronomes qui prennent les ballons en horreur et restent cramponnés au sol de leurs observatoires auraient besoin d'aller goûter, eux aussi, le réveil des hautes régions! En effet, un des plus grands avantages de l'aérostation, le plus essentiel peut-être, n'est-il point de servir au développement moral et intellectuel de l'être humain? Il faut, en effet, que l'hôte de la nacelle soit pétri d'une pâte spéciale

pour que son intelligence ne soit pas éveillée par les scènes
émouvantes qui se déroulent devant lui, et que les étoiles
fassent inutilement briller devant son œil les splendeurs de
leurs rayons.

Ainsi que l'a dit avec tant de raison un philosophe qui a
plus d'une fois quitté la terre : « L'aéronaute voit bien qu'il
ne s'approche pas du ciel, qui fuit constamment devant lui,
mais son œil intérieur
lui dit qu'il s'approche
de plus en plus de
Dieu. »

Si l'on voit de plus
en plus la grandeur de
la nature en aperce-
vant simultanément la
petitesse des gran-
deurs humaines, rien
n'égale la portée mo-
rale du spectacle dé-
crit par Flammarion

Napoléon vu d'en haut.

lorsqu'il plane au-dessus de la colonne Vendôme.

Un contraste puissant et des plus instructifs est tiré immédiatement de la comparaison d'une descente au milieu d'un trou-
peau de moutons et d'une autre à Barbizon, près d'une réunion
de paysans. Les brutes daignent à peine regarder l'objet qui
tombe du ciel et ne se préoccupent que de ne point être écra-
sées. Les êtres humains, au contraire, s'empressent autour
des voyageurs et ne se déclarent satisfaits que lorsque des
ascensions captives, auxquelles ils ont pris part, leur permettent
d'avoir comme un avant-goût des spectacles que l'on admire
dans les cieux.

M. Camille Flammarion s'est bien donné garde d'oublier

Auréole des aéronautes (expérience faite par Flammarion).

les premiers aéronautes scientifiques. Il a tenu à exécuter une
ascension dans le jardin des Arts et Métiers.

Notre célèbre confrère est un des premiers voyageurs

qui ait vu briller autour de sa tête l'auréole des aéronautes. Aussi, lorsqu'il s'est marié, a-t-il songé aux ballons et inauguré dans les airs sa lune de miel. Il a mieux réussi que Saint-Simon, qui avait fait inutilement la même proposition à Mme de Staël, laquelle l'avait dédaigneusement repoussé.

Il n'est pas jusqu'aux caprices de son pilote qui n'aient acquis, dans l'année terrible, une portée pratique.

Se rappelant les fantaisies de Blanchard, Godard avait ajouté à l'*Impérial* une série de ballonnets consacrés à Jupiter, à Saturne ou à Mars, dont ils portaient les noms inscrits en caractères astrologiques. C'est avec un groupe de trois aérostats intitulé les *États-Unis*, que l'aîné de la famille Godard franchit les lignes prussiennes et débarqua le message de la Défense Nationale dans les environs d'Évreux.

Dans une de ses dernières ascensions, des gendarmes devançant les uhlans de Sa Majesté Guillaume Ier, demandèrent à M. Camille Flammarion ses papiers ; il leur répondit, comme tout aéronaute allait bientôt le faire aux Allemands, en leur jetant un sac de lest, au risque de les écraser.

Ses ascensions se terminèrent par un voyage de Paris à Cologne. Il fut fait par escales, et l'astronome-aéronaute fut reçu avec la plus cordiale hospitalité. Rien ne faisait prévoir qu'une guerre lamentable allait éclater entre deux nations faites pour se comprendre et s'unir. Mieux qu'une foule de raisonnements, ce voyage aérien montre que Français et Allemands ne sont séparés que par les intérêts dynastiques qui ont besoin de les diviser.

Dans les *Voyages Aériens*, on parle de ballons et d'aéronautes qui ont figuré dans la poste aérienne. Ces excursions, que seuls les caprices d'Éole ont troublées, sont le pacifique et gai prélude des performances accomplies en planant au-dessus de la mitraille.

Si l'*Impérial* et l'*Union* n'ont pas figuré dans la liste des ballons du siège, c'est parce qu'il a été impossible de les remettre en état. S'il en a été de même d'un des grands captifs de Henry Giffard, c'est qu'il a été enlevé par le vent pendant un gonflement témérairement tenté au milieu d'un ouragan. Mais le *Céleste* et le *Neptune* ont rempli leur devoir ainsi que les frères Tissandier, les frères Mangin, les frères Godard, moi-même et Jules Duruof, dont il est question dans plusieurs chapitres. On peut dire que les ascensions de 1867-1868-1869, exécutées devant une Administration indifférente, ont été les exercices préparatoires où un noyau d'aéronautes du siège se sont formés.

C'est Jules Duruof qui, sorti le premier en ballon, en narguant les projectiles allemands, a donné à tous l'exemple de l'élan qui fera l'éternel honneur du siège de Paris. Combien il était digne par son caractère chevaleresque, son esprit aventureux, des hurrahs dont son départ fut salué, lorsque le 24 septembre 1870, à huit heures du matin, il s'élança au-dessus des Prussiens! A la mitraille dont on voulait le cribler, il répondait, en véritable enfant de Paris, par la projection de cartes de visite cornées à l'adresse du chancelier du roi de Prusse.

Le détail de ce voyage en ballon fut bientôt complété par le retour de pigeons voyageurs que l'on avait eu la précaution d'emporter à Tours ; il excita dans la grande ville qu'on voulait séparer du genre humain un inoubliable élan de gaieté.

Avant cette performance historique qui termina sa carrière, le *Neptune* était déjà un ballon célèbre, digne qu'on lui fît les honneurs de la Légende, comme nous le verrons au cours du chapitre suivant.

CHAPITRE XI

LES PREMIÈRES ASCENSIONS DE JOUR PENDANT LE SIÈGE

L'ASCENSION DE GAMBETTA

L'inauguration du monument de la Poste aérienne, dû au grand sculpteur Bartholdi, marque une époque glorieuse pour la France dans l'histoire de l'aérostation. Car c'est incontestablement aux aéronautes que l'on doit la prolongation du siège de Paris. C'est parce que la ville-lumière n'a point été privée de son rayonnement sur le monde qu'elle a donné un exemple inoubliable de constance et de foi républicaines. C'est peut-être parce que cet enthousiasme a été poussé trop loin que la grande cité n'a pu accepter sans protestation une capitulation devenue nécessaire.

Mais ces événements appartiennent beaucoup plus à l'histoire générale qu'à la conquête de l'air. On ne peut les apprécier sans entrer dans une foule de considérations politiques et stratégiques dont le détail, fort intéressant sans doute, nous ferait perdre de vue le but principal de cette étude. Notre mission est surtout de montrer le développement de la navigation aérienne pratique, de faire assister le lecteur à l'introduction progressive de l'art et de la science humaine dans la libre atmosphère. Nous n'examinerons donc ce groupe d'ascensions si pittoresques, si glorieuses et auxquelles nous nous ferons toujours un honneur d'avoir participé, qu'au point de vue des conséquences que l'on doit en tirer pour déterminer la manière dont les aérostats peuvent être employés dans l'avenir.

Dès que le Conseil des Postes fut convaincu que l'ennemi avait résolu un problème stratégique que l'on croyait insoluble, et rendu hermétique en quelques heures le blocus de Paris, il songea naturellement à employer les ballons. Après une discussion des plus intéressantes, dont j'ai conservé l'histoire dans *Le Siège de Paris vu à vol d'oiseau*, il fut décidé que l'on chargerait de la première expédition l'aéronaute le plus habile et le plus hardi qui se trouvait à Paris ; il était indispensable en effet de débuter par un succès éclatant.

Pourquoi l'arrivée heureuse des vingt premiers ballons qui, malgré quelques incidents, ont rempli leur mission, a-t-elle fait perdre de vue au Gouvernement la nécessité de ne jamais négliger l'instruction des pilotes auxquels on confiait les messages de la République ? Pourquoi laissait-on les chefs de station, au lieu de faire exécuter aux élèves des ascensions captives ou libres, se borner à leur montrer dans une nacelle accrochée au mur d'une gare, la manière d'ouvrir la soupape et de jeter du sable ?

Le choix du premier aéronaute de la République était excellent. Jules Duruof avait donné maintes preuves de son courage et de son habileté. Mais la plupart de ses valeureux collègues ont été des débutants auxquels l'Administration ne crut pas devoir enseigner les rudiments de l'art qu'ils étaient appelés à appliquer.

Dans une ascension récente, exécutée à Calais, Duruof avait renouvelé l'expérience de Robertson au-dessus de la Néva, il s'était laissé porter sur la mer du Nord par le courant inférieur et était revenu sur le continent en utilisant une brise soufflant dans une région plus élevée et ramenant au contraire du large vers la terre. Il avait tenu à exécuter sa descente au pieds des falaises dans une situation pittoresque convenant à son esprit aventureux.

Quelques mois plus tard, son ballon le *Neptune* s'élançait du jardin des Arts et Métiers avec l'intention d'exécuter une expérience émouvante. Le vœu de l'aéronaute fut accompli, mais son voyage ne dut point son éclat à la réalisation de ses

Le *Neptune* s'élançant du Conservatoire des Arts et Métiers.

desseins. L'observation capitale fut suggérée par un tour criminel qui lui fut joué. Un jaloux dont le nom est resté ignoré, avait attaché à un des arbres voisins une des cordes d'équateur dont le ballon était muni. Comme l'étoffe était solide, le *Neptune* n'avait pas crevé, mais le ballon n'était plus vertical et l'appendice était remonté vers l'équateur et se trouvait engagé dans le filet. Désireux de voir ce qui se produirait, Duruof était parti et son ascension donna lieu à une des observations les plus instructives qui aient été jamais exécutées. En effet, il fut prouvé que des hommes lancés dans l'espace ne retombent point en chute libre à la surface de la terre ; soutenus par la force vive déposée dans leur corps, ils s'en approchent assez doucement pour être mollement déposés sur le gazon.

Le vent était violent et la corde d'ancre avait une solidité à toute épreuve. Lors de la descente, un des becs de l'organe d'arrêt s'engagea rapidement sous un mur. Le ballon s'écrasa contre son filet et l'appendice se ferma hermétiquement. Sous la pression de la tempête, le ballon creva. Duruof qui était debout sur le bord de la nacelle fut projeté de la hauteur des tours Notre-Dame. Il arriva à terre sain et sauf, après avoir exécuté sur une échelle géante l'expérience de l'homme-canon.

Appartenant à une famille aisée et fils unique, Duruof avait la passion de l'aérostation. Son goût ne l'abandonna pas après le siège de Paris. Il lança, de la place de l'Hôtel-de-Ville, quelques ballons dont les Communards se sont servis pour envoyer des proclamations en province. Lorsque l'ordre fut rétabli, il fut arrêté et traduit devant un conseil de guerre. Nadar, prévenu, prit noblement sa défense ; il n'eut qu'à raconter ce qu'il avait fait pour obtenir son acquittement à l'unanimité.

Duruof avait le caractère d'un paladin. Le 14 juillet 1873, il devait exécuter à Calais une ascension publique ; comme le vent soufflait en plein sur la mer du Nord, le maire avait remis l'ascension, mais quelques personnes ayant mis en doute le courage de Duruof, celui-ci, qui les entendit, tint à partir et sa femme tint à partager son sort. Les deux époux furent lancés avec une vitesse formidable au-dessus des flots. Ils passèrent en l'air toute la nuit. Le lendemain matin, le *Tricolore* qui était épuisé se mit en traînage. Heureusement, une barque de pêcheurs anglais était en vue. Les braves marins sauvèrent les deux héros. On les ramena triomphalement en Angleterre avec leur ballon. A cette occasion, le Palais de Cristal offrit à Duruof une ascension pour laquelle

Le *Neptune* fait explosion.

on le paya royalement et qui fut exécutée au milieu d'un

enthousiasme merveilleux. La population de Londres n'avait pas négligé cette occasion de montrer sa sympathie pour les

M. et Mme Duruof dans la nacelle du ballon *le Tricolore*, descendu à la surface de la mer (1er septembre 1874). Dessin de A. Marie, d'après un croquis d'Albert Tissandier exécuté sur les renseignements de M. J. Duruof.

aéronautes français. Cette ovation rappelait au premier aéronaute du siège, me disait-il, ce qu'il avait vu et entendu à Paris, lors de septembre 1870.

Lorsqu'il s'enleva de la place Saint-Pierre, les cris de *Vive la République!* avaient suivi l'aéronaute jusqu'au sein des nuages s'il avait daigné s'y cacher. Mais il tenait à bien se montrer et il envoyait aux ennemis une pluie de cartes portant son nom et celui de Nadar. Ce dernier était le promoteur de la station de la place Saint-Pierre ; il montra le zèle le plus

Départ de Duruof du Palais de Cristal.

ardent, le plus patriotique, et se retira avec éclat pour protester contre les départs nocturnes qui, comme nous le verrons, ont rendu tous les dévouements inutiles au point de vue stratégique à l'instant décisif, ruiné le service aérien, empêchant au moment psychologique l'armée de province de pouvoir combiner ses mouvements avec ceux de l'armée de Paris.

Le Chancelier du Roi de Prusse conçut une vive irritation de cet incident dont il comprit immédiatement la portée.

Espérant agir par la terreur, M. de Bismarck publia un décret déclarant que tous les aéronautes français, saisis par troupes de la confédération de l'Allemagne du Nord, seraien. fusillés comme espions. Cette mesure, tout à fait contraire au droit des gens, aurait coûté la vie à un grand nombre d'aéronautes du siège, au nombre desquels nous comprendrons deux de la *Normandie*, deux du *Galilée*, trois du *Daguerre*, ceux de la *Ville de Paris* et du *Général Chanzy*. Elle aurait donc fait treize victimes.

Mais cette annonce n'était que comminatoire. Au lieu d'être mis à mort, les aéronautes furent aussi bien traités que les autres prisonniers de guerre. Un d'eux tombé, en Bavière et interné à Munich, aurait même épousé une jeune Allemande s'il y avait consenti.

Mais, se doutant bien que les menaces ne suffiraient pas, les Allemands avaient pris immédiatement des mesures fort intelligentes pour s'emparer des ballons de la défense et pour imiter la chevauchée du duc d'Orléans lors de l'atterrissage de Charles à Nesles. Ces *rallye-ballons* étaient d'autant plus redoutables que les uhlans étaient guidés par un système de télégraphes électriques militaires établi avec une admirable activité et une intelligence digne d'éloges. En outre, les cavaliers allemands ne craignaient pas de faire des raids très hasardés dans les parties du territoire qu'ils n'occupaient point encore.

Eugène Godard et Nadar firent merveille. En dix jours des ballons furent taillés, cousus, vernis et séchés.

Le premier de ces ballons était réservé à Gambetta qui attendait avec impatience le moyen de quitter Paris, pour réveiller la province encore engourdie.

Le *Journal Officiel* annonça le départ du Ministre de l'intérieur et de M. Spuller, son secrétaire, pour aller à Tours représenter officiellement le Gouvernement de la Défense Nationale au sein de la délégation.

L'air était si calme que Gambetta dut attendre deux jours avant d'effectuer son départ de la place Saint-Pierre. Un citoyen américain, qui avait fait construire à ses frais un ballon pareil, fit son ascension au même instant dans le but de diviser l'attention de l'ennemi.

L'aéronaute du voyageur aérien étranger comprit la nécessité de s'éloigner notablement de la place assiégée. Le pilote de l'*Armand Barbès* qui portait la fortune, non point d'un César, mais celle de la République française, ne partagea pas ce point-de vue, ce qui faillit amener une catastrophe.

Au départ, la foule était encore plus grande, s'il est possible, que celle qui assistait à celui du premier aéronaute du siège. A peine les deux ballons se furent-ils éloignés que l'on vit l'aérostat de Gambetta s'approcher de terre et

Les pigeons lancés par Gambetta en cours de route.

l'on crut que, percé par une balle ennemie, il allait être capturé.

Heureusement, un pigeon lancé par le Ministre en cours de route, rassura bientôt le Gouvernement.

L'*Armand Barbès* ne s'était approché de terre que parce que son pilote se croyait hors d'atteinte des Allemands. Il avait jeté l'ancre à Creil. Heureusement, de braves paysans accoururent et apprirent à Gambetta qu'il allait être infailliblement capturé s'il ne se hâtait de reprendre son vol, les ennemis étaient en grand nombre à quelques portées de fusil.

La seconde ascension fut très rapide. Pour l'activer,

Spuller sacrifia sa pelisse fourrée et une balle effleura la main de Gambetta.

Ce triste pilote était un vieux forain, qui avait fait plus de cent ascensions, mais qui ne faisait que monter et descendre. Il ne se trouvait bien qu'à terre et la prolongation du voyage l'épouvantait. Dans son désir d'atterrir, il confondait le casque pointu des Prussiens avec la casquette de nos braves francs-tireurs. Afin de le faire tenir tranquille, Gambetta fut obligé de lui déclarer qu'il lui brûlerait la cervelle s'il s'avisait de toucher à la corde de soupape sans son autorisation.

Enfin, de guerre lasse, voyant que l'on passait au-dessus d'une vaste plaine parsemée de quelques bouquets de bois, Gambetta accepta de descendre.

Est-ce par hasard ou par malice pour se venger d'avoir été ainsi contrecarré? le pilote opéra sa descente sur un chêne de la façon la plus malheureuse que l'on puisse imaginer. Les descentes dans les arbres offrent toujours certaines difficultés. Le ballon y subit généralement de graves avaries. Celle de l'*Armand Barbès* fut extrêmement mouvementée. En effet, le ballon s'engagea dans une fourche formée par deux maîtresses branches entre lesquelles la nacelle incrustée resta en quelque sorte prisonnière. Les trois voyageurs aériens sur la tête desquels le ballon était descendu, se trouvaient pour ainsi dire en cage. Ils ne pouvaient sortir de leur prison sans un secours extérieur, et ils ne voyaient rien de ce qui se passait autour d'eux. « Vive la République! » s'écria Gambetta. — « Vive la République! » répondirent cent voix. Gambetta pouvait se croire sauvé. Il ne l'était pourtant pas encore. Lorsqu'il était passé au-dessus d'un camp prussien, après sa réascension de Creil, l'*Armand Barbès* avait été salué par la vive fusillade qui avait failli blesser Gambetta, et des uhlans s'étaient mis à sa poursuite.

Ils arrivaient en grand nombre à l'endroit où l'*Armand Bar-*
bès avait atterri.

Sans le patriotisme du maire d'Epineuse, M. Dubuf, et

L'*Armand Barbès* passant au-dessus d'un camp prussien (14 octobre 1870).

l'activité avec laquelle il avait amené son tilbury, la France
aurait eu à déplorer une catastrophe au lieu d'un triomphe.

C'est à partir de l'arrivée de Gambetta à Tours que la
Défense Nationale a pris ce caractère d'héroïsme, auquel les
officiers allemands rendent hommage dans le récit rédigé par
le Grand État-Major, et qui ajouta beaucoup au mérite de leur
stratégie. On aurait dit que le dieu Mars lui-même était sorti

de la ville investie pour rendre aux Français paralysés l'ardeur des légions républicaines défendant la Convention Nationale.

Ce n'est point à nous qu'il appartient de tracer ce magnifique tableau, que l'on peut trouver dans la *Guerre en province*, écrite par M. de Freycinet. Nous ne pouvons que donner des éloges à l'œuvre du savant académicien et les circonstances que nous allons rapporter ne feront que confirmer les enseignements précieux que l'on y découvre.

Lorsque Gambetta a quitté Paris, il avait pris connaissance du plan arrêté par le général Trochu, lequel était, comme on le sait, conforme aux règles d'une excellente stratégie, mais ne pouvait tenir compte de la géographie morale de la France en ce moment critique.

Comme on le sait depuis l'enquête parlementaire du 4 septembre, ce plan fort plausible consistait à effectuer la grande sortie en opérant constamment le long du cours de la Seine sur laquelle on avait réuni une flottille de canonnières assez formidablement armées pour entrer en ligne d'une façon terrible. Gambetta était parti convaincu de la nécessité de mettre à exécution les manœuvres projetées. Mais, lorsqu'il fut arrivé à Tours, il ne tarda pas à reconnaître que cette méthode ne pouvait être utilement suivie. Il envoya donc à Paris des dépêches dans ce sens, et il se mit à exécuter des opérations militaires qui ont fait leur preuve, puisqu'elles ont conduit à la victoire de Coulmiers et à la reprise d'Orléans.

Voyant que Gambetta ne suivait point le plan adopté, le général Trochu envoya. M. Ranc à bord du ballon le *Jean Bart* pour lui adresser des représentations. M. Ranc, républicain fort ardent, victime de la Loi de Sûreté générale et actuellement sénateur de Paris, était alors adjoint à la mairie du IX⁰ arrondissement.

Comme Gambetta continuait ses préparatifs, Trochu envoya

un second personnage pour faire connaître au gouvernement de Tours la nécessité de ne point renoncer au plan stratégique adopté primitivement.

Le *Jean-Bart* sortant de Paris pendant le siège (ascension de M. Ranc).

Si le voyage de M. Ranc qui fut piloté très habilement par Albert Tissandier, se passa sans incident notable, il en fut autrement du second envoyé du Gouvernement, M. de Kératry, ancien préfet de police, qui venait de partir en ballon, chargé d'une mission diplomatique auprès du général Prim, alors dictateur en Espagne.

Cet éminent patriote eut le pied foulé pendant l'atterrissage dirigé par un aéronaute maladroit. Cet accident entraîna un retard de quelques jours dans l'arrivée du représentant de la République française. Lorsqu'il se présenta à Madrid, le général Prim venait de s'entendre avec M. de Bismarck ; il avait signé l'acte par lequel le jeune fils du roi d'Italie était appelé à la couronne d'Espagne. C'est peut-être se faire une illusion que de croire que l'issue eût été différente sans ce malencontreux accident ; c'est pourtant ce que le récit de Kératry laisserait supposer.

Quelques jours après l'ascension du préfet de police, son ancien secrétaire général, M. Antonin Dubost, actuellement Président du Sénat, s'éleva à bord du *La Fayette* à la gare d'Orléans dans le but que nous indiquons plus haut de rappeler à Gambetta le plan du gouverneur de Paris. M. Antonin Dubost reconnut que Gambetta avait raison et il ne songea qu'à s'appliquer à aider le Ministre de l'intérieur dans la noble tâche qu'il remplissait avec tant de dévouement et de succès. Il fut nommé préfet de l'Orne et se rendit à Alençon qu'il défendit avec acharnement. La ville ne capitula, après un assaut en règle, que quelques jours avant la reddition de Paris.

L'ascension du *La Fayette* offrit des incidents du plus haut intérêt, tant au point de vue aérostatique qu'à celui de l'esprit des populations.

Le pilote était un de ces admirables matelots dont le dévouement, à défaut de la science aérostatique, était sans bornes. Mais Eugène Godard, qui présidait aux départs des marins requis comme capitaines aérostiers, avait prétendu que l'éducation du matelot était loin d'être suffisante pour lui permettre d'opérer son *lâchez tout*. On attacha l'aérostat à un câble qu'on laissa filer une trentaine de mètres et dont l'extrémité était retenue à terre, on trancha brusquement cette

Le *La Fayette* de M. Antonin Dubost au milieu des nuages.

corde et le *La Fayette* bondit dans les nuages avec la vitesse d'un projectile. Il y plana pendant plusieurs heures sans que les passagers aperçussent une seule fois la terre.

Lorsque les aéronautes commencèrent à apercevoir le jour, ils se décidèrent à se rapprocher de terre. Mais à peine étaient-ils arrivés à quelques centaines de mètres qu'à leur profonde surprise ils furent accueillis par une vive fusillade émanant d'une troupe de paysans qu'ils surent plus tard appartenir aux environs de Vitry-le-François.

Cependant, tout en continuant leur atterrissage ils multiplièrent leurs cris de Vive la France et agitèrent ostensiblement le drapeau tricolore. Ces démonstrations auxquelles prit part avec énergie M. Gaston Prunière qui était alors secrétaire du futur Président du Sénat, arrêtèrent cette fusillade et les explications qui suivirent éclaircirent ce mystère aussi dangereux qu'incompréhensible.

Le ballon le *La Fayette* avait emporté un grand nombre d'exemplaires d'une proclamation rédigée en allemand enjoignant aux soldats de l'Allemagne du Nord d'abandonner le roi de Prusse pour suivre les nobles inspirations de Victor Hugo.

Quelques-unes de ces feuilles d'impression, jetées au hasard à titre de lest, étaient venues échouer entre les mains de nos paysans qui, ne comprenant pas un seul mot au texte, crurent que le ballon qu'ils apercevaient était monté par des uhlans, auxquels ils faisaient cette réception peu cordiale.

Ce malentendu éclairci, nos braves compatriotes réparèrent leur erreur en se mettant corps et âmes à la disposition des voyageurs qui, grâce à ce dévouement, réussirent à traverser les armées allemandes et à rejoindre l'Etat-Major français.

L'idée de lancer des proclamations en langue étrangère avait été suggérée à notre incomparable poète Hugo par Louis Blanc, l'ancien et célèbre proscrit qui venait d'être nommé

représentant de la République française auprès du peuple
anglais.

Paris se trouvant hermétiquement bloqué, Louis Blanc
n'osa pas affronter les périls d'une sortie à la Gambetta, il

Le *Louis Blanc* au-dessus des nuages.

renonça plutôt à se rendre à son poste et malgré toutes les
prières de ses amis, il se borna à rédiger une proclamation à la
nation britannique, dans le but de l'engager à défendre la
France.

Cette pièce historique fut confiée à un ballon piloté par
Eugène Farcot et que celui-ci crut agir habilement en le bapti-
sant le *Louis Blanc*.

Il résulta de cette circonstance un pénible quiproquo. Les
amis de la France crurent que c'était un Louis Blanc en
chair et en os qui était parvenu en Belgique; ils se rendi-

rent en grand nombre à la gare de Charing-Cross et leur
désappointement fut immense et accablant quand ils surent
qu'au lieu de l'envoyé de la République française ils n'avaient
affaire qu'à un Louis Blanc en baudruche.

CHAPITRE XII

LES ASCENSIONS NOCTURNES DU SIÈGE DE PARIS

Les ascensions nocturnes sont le triomphe des habiles aéronautes qui savent organiser des spectacles très attrayants et sans danger, lorsque l'on s'y prend adroitement. Ne suffit-il point d'emporter dans les airs quelques feux de Bengale pour attirer un public. La nuit, les vents sont généralement moins violents que pendant le jour. Le coup d'œil qu'offre le ciel est alors des plus attrayants. Pour peu que l'on s'élève, les étoiles acquièrent un volume inconnu dans les Observatoires de nos régions. De son côté, la terre semble jalouse d'attirer l'attention du voyageur aérien. Il suffit des feux allumés par quelques charbonniers exploitant une forêt pour offrir un de ces spectacles que l'on n'oubliera jamais. Les cheminées des hauts fourneaux ressemblent à de véritables volcans. L'on a en miniature le tableau qui se déroulerait si l'on planait au-dessus du Vésuve en éruption.

Les ascensions nocturnes étaient même très favorables pour envoyer des pilotes connaissant la manœuvre du ballon, dans la direction de l'Allemagne ou des pays occupés par l'ennemi. Mais dans ce cas, l'aérostat ne devait point être surchargé de sacs de lettres, et les aéronautes pourvus d'une blouse de paysan. Il était indiqué que la descente se serait effectuée dans des bois ou des lieux déserts, en devançant le lever du soleil. Après avoir mis pied à terre les messagers de la poste auraient dû décharger le ballon d'une partie suffisante de son lest et le lancer dans l'espace afin de donner le change à l'ennemi sur l'endroit où ils avaient pris terre. Pour accomplir leur mission et porter les dépêches au Gouvernement, ils avaient le droit de compter sur l'intelligence et le bon vouloir des habitants du pays, en quelque coin du territoire que se fût terminée leur ascension. Les lettres même auraient pu être transportées si l'on avait employé pour les correspondances envoyées de Paris le système de la photographie microscopique, qui avait si bien réussi pour celles qui arrivaient de province par pigeon. En effet, grâce à un système ingénieux imaginé par le photographe Dagron, un pigeon de la République ramenait à Paris plus de 100 000 dépêches qui ne pesaient pas plus d'un gramme et qu'on déchiffrait au Ministère de l'intérieur en employant l'assistance d'un microscope éclairé à la lumière oxhydrique. On se demande comment la Poste de Paris n'a pas eu l'idée de généraliser le système qui fonctionnait si bien et d'en établir la contre-partie. On aurait évité ainsi bien des malheurs.

On ne tenait aucun compte de la direction du vent, et les ballons que les caprices d'Éole conduisaient dans l'Est et même en Allemagne étaient exactement équipés comme ceux qui étaient poussés en Picardie ou en Touraine.

C'est ainsi que les Allemands purent s'emparer des ballons le *Général Chanzy* et la *Ville de Paris*, qui ont été expédiés de nuit ainsi que beaucoup d'autres lancés dans la dernière partie du siège ; leur cargaison de dépêches et de lettres, dont le contenu n'avait même pas été vérifié, fut capturée.

Cette idée funeste des départs nocturnes a été inspirée par la perte du *Galilée*, saisi le 12 novembre en plein jour dans les environs d'Évreux.

Cette catastrophe fut d'autant plus retentissante que parmi

les lettres qui tombèrent entre les mains des ennemis, il s'en trouva une écrite par un des principaux membres du Gouvernement donnant à entendre que les autorités supérieures n'attendaient que le moment favorable pour capituler. Cette coupable missive fut publiée dans le *Journal Officiel* de l'occupation allemande.

La capture de la *Normandie*, premier ballon qui tomba quelques jours plus tôt entre les mains de l'ennemi, ne produisit aucun effet, parce que cet aérostat est parti de jour dans la direction de la Lorraine et descendu aussi de jour dans les environs de Verdun un peu après midi, on devait évidemment considérer sa capture comme inévitable.

Il n'en fut pas de même pour la prise du *Daguerre* et du *Niepce*. Ces deux aérostats partirent ensemble le 12 novembre à midi et eurent un sort semblable. Le premier parce qu'il s'était tenu beaucoup trop près de terre et avait été percé par des balles allemandes qui n'auraient produit aucun effet si l'aéronaute avait exécuté son ascension à 2000 ou même 1000 mètres. C'est une manœuvre éminemment facile avec des aérostats ayant une quantité de lest suffisante, puisqu'on avait soin de prévenir les pilotes qu'ils étaient autorisés à disposer de leurs paquets de lettres comme s'ils eussent été du sable.

Ce qui aggrava la panique dans une proportion tout à fait déraisonnable, c'est que le comte de Moltke avait fait construire un canon à ballon, dont il exagérait beaucoup la puissance dans des articles que la Presse française se hâta de reproduire.

C'est probablement sans fondement que le major Moedebeck attribua à l'intervention de cet engin la capture du ballon dont nous venons de parler, événement que M. de Bismarck exploita avec une prodigieuse habileté.

De violentes protestations se produisirent contre cette décision, mais on n'obtint aucun résultat. C'est seulement après les catastrophes que nous allons rapporter que la méthode fut modifiée d'une façon intelligente à la suite de l'invitation d'un illustre astronome.

Dans le noble but de montrer que la République française, malgré les maux qui l'accablaient, prenait toujours un vif intérêt au progrès des sciences, le Gouvernement chargea M. Janssen, aujourd'hui directeur de l'Observatoire de Meudon, de photographier l'éclipse de soleil des derniers jours de décembre à Oran, où elle était totale.

Dès qu'il apprit la résolution du Gouvernement français, M. de Bismarck s'empressa, hâtons-nous de lui rendre justice, d'envoyer un passeport à l'astronome. Celui-ci refusa noblement une offre aussi honorable, mais il exigea que l'on lâchât le *Volta* deux heures seulement avant le lever du soleil. En modifiant ainsi le plan grossier imaginé par l'Administration des Postes, on échappait aux ennemis pendant que l'on franchissait ses lignes, mais on y voyait clair lorsque l'on approchait des côtes, et l'on pouvait organiser sa descente en terre ferme.

Sans cette ingénieuse innovation, M. Janssen eût été peut-être lui aussi victime de son patriotisme et de son dévouement à la science. En effet il prit terre près de Savenay, à quelques kilomètres des bords de la mer.

Sa descente fut heureuse, et aucun de ses instruments ne fut endommagé. Non seulement M. Janssen échappa à une mort presque certaine, mais la méthode qu'il imagina rendit le même service à quelques-uns de ses compagnons d'armes aériens. En effet, le *Steenackers*, parti de la gare du Nord à quatre heures du matin, atterrit en vue du Zuydersée, de manière que l'équipage eut le temps de couper les cordes qui retenaient la nacelle au filet et le ballon seul se perdit dans l'Océan Boréal.

La méthode des départs nocturnes, excepté lorsque le vent soufflait de l'Est même, avec les précautions que nous avons indiquées, avait en outre l'immense inconvénient de cacher le ballon-poste aux regards des patriotes français. C'est avec bonheur qu'ils voyaient flotter dans l'espace le pavillon national, qui leur indiquait que Paris luttait toujours. Ils ramassaient comme une manne céleste les proclamations et les journaux qui tombaient de la nacelle.

Le premier départ nocturne fut exécuté à la gare du Nord le 18 novembre à onze heures du soir. Le *Général Ulrich* était piloté par un vieux praticien, nommé Lemoine, qui sut maintenir le ballon en l'air pendant neuf heures, malgré la pluie et la neige. De plus, il était constamment ballotté par des vents furieux de direction opposée. Il atterrit à 34 kilomètres au nord-est de Paris en pays occupé par une garnison allemande. Cependant le dévouement des habitants était si grand que l'on vit jusqu'à quel point l'Administration des Postes pouvait compter sur le patriotisme des populations françaises. En effet, l'équipage composé de 4 personnes et les dépêches parvinrent au quartier général français. Le ballon lui-même fut caché et l'Administration en prit possession après la guerre.

Le départ de l'*Archimède*, second ballon nocturne, eut lieu le 21 novembre à la gare d'Orléans, et faillit se terminer tragiquement. Il avait comme pilote M. Buffet, aujourd'hui propriétaire d'une grande usine de produits chimiques à Nantes.

Ayant servi à bord du *Magenta*, comme enseigne de vaisseau, sous les ordres de l'amiral La Roncière le Noury. M. Buffet donna sa démission pour qu'il lui fût possible de contribuer à la défense de Paris. Il y retrouva l'amiral qui le chargea de choisir parmi ses nombreux camarades qui sollicitaient la faveur de conduire les ballons, ceux qu'il croirait les plus capables de forcer le blocus allemand.

Le jeune matelot commença par inscrire son nom en tête de la liste, ce qui lui procura l'honneur d'être le premier marin de la période si dangereuse des ascensions de nuit.

Trainage de l'*Archimède* sur les bords du Zuiderzée.

Lorsque l'*Archi-mède* quitta la gare d'Orléans, il était une heure du matin, le ciel était traversé par une flotte de nimbus très bas, filant très rapidement dans la direction du Nord-Est; ils furent bientôt sous les pieds des voyageurs qui étaient au nombre de trois. L'ascension se continua pendant cinq heures et demie sans que l'équipage de l'*Archimède* ait pu une seule fois apercevoir la terre.

A six heures et demie, au moment où le jour commençait à poindre, l'œil exercé de M. Buffet voit la mer surgir à l'horizon et son oreille entend le bruit des flots. Criant à ses passagers que la descente sera rude, il se cramponne à la corde de soupape qu'il tire avec force; le gaz sort à flot, l'*Archimède* descend et frappe le sol avec tant de force qu'un des passagers reçoit sur la tête un coup violent du cercle, et tombe évanoui. Le ballon était si près du bord de la mer que s'il avait encore fait un bond, les trois Français étaient engloutis dans les flots.

Dans les premiers moments, M. Buffet qui connaissait la direction dangereuse du vent, se croyait descendu en terre allemande, et s'apprêtait à s'échapper avec ses dépêches, mais une voix amie qui s'exprimait en français le rassure et lui apprend qu'il est en Hollande près du château de Hoogstraten, où la plus cordiale hospitalité attend les aéronautes.

M. Buffet rejoignit sans tarder Gambetta au Mans qui le nomma pour le récompenser aide de camp du général de Nansouty.

Le régime des vents violents avait commencé et jamais les ascensions ne furent aussi rares. C'est le 24 novembre que je profitai d'une embellie pour partir de l'usine à gaz de Vaugirard. J'avais attendu que le vent portât en Belgique où j'avais résolu d'atterrir. Je fus servi à souhait, car à deux heures un quart j'arrivais à Louvain avec quatre voyageurs : nous étions à 400 kilomètres de Paris.

Par surcroît de prudence, j'avais détaché la corde qui relie l'appendice au cercle. Lorsque je voulus descendre, le ballon formait parachute, parce que j'avais oublié de rattacher l'appendice de manière que l'étoffe constituât une espèce de proue et pût fendre l'air.

Il fallut extraire beaucoup de gaz et laisser la soupape ouverte longtemps pour obtenir que commençât le mouvement descendant. Nous acquîmes bientôt une vitesse verticale très grande qui se combina avec la propulsion d'un vent furieux. La traversée d'une forêt fut suivie d'un traînage accéléré auquel je mis fin en coupant les cordages qui attachaient le cercle à la nacelle. Nous nous arrêtâmes net aux applaudissements des spectateurs et des cavaliers qui nous suivaient depuis quelque temps à la piste sans qu'il leur fût possible de nous joindre.

Le soir, je faisais une conférence publique à Louvain où le drapeau tricolore de notre République obtenait une ovation. Le lendemain, je partais pour Bruxelles et de là pour Londres

où j'avais l'occasion de constater quel succès aurait obtenu
Jules Favre s'il avait harangué la multitude du haut du
piédestal de la colonne de Nelson.

Je me résignais aux malheurs de la Patrie en songeant
aux efforts que j'avais faits pour servir notre cause nationale,
lorsque j'appris quelques années plus tard, en lisant l'ouvrage

Descente de l'*Égalité* à Louvain.

de M. de Freycinet, une circonstance qui me plongea dans un
amer désespoir.

Lorsque je commençai le gonflement de mon ballon, j'en-
voyai à l'Hôtel des Postes pour recevoir les dépêches officielles,
mais on les refusa en disant que je serais pris, parce que je
partais de jour et que le fameux canon-ballon perforerait
mon aérostat, et que l'on en faisait partir de nuit un autre
qui arriverait sûrement. Je manifestai mon mécontentement,
mais je ne songeais plus à ce qui était arrivé. Pendant la nuit
du 24 au 25 octobre après ma conférence, j'étais couché et je
dormais dans la chambre de l'hôtel où j'étais descendu,
lorsque le consul de France vint en personne me réveiller
pour me demander les dépêches qu'attendait Gambetta. Je

La *Ville d'Orléans* apercevant des feux de charbon.

racontai ce qui s'était passé. Après avoir écouté avec beaucoup d'attention, le consul de France me remercia et se retira.

Je crus remarquer un grand désappointement de ne pas avoir la dépêche que l'on m'avait refusée, mais dont il ne m'était point possible de deviner l'importance. Étant très fatigué d'une journée si bien remplie, je m'endormis paisiblement.

Le soir même, juste à l'heure où le consul de France me faisait l'honneur de s'entretenir avec moi, le ballon dont on m'avait annoncé le départ s'engageait, hélas ! sur la mer.

M. Rollier était porteur d'un ordre de marche signé par le météorologiste des Postes. Ce personnage, qui était de fort bonne foi, et dont il n'est pas utile de révéler le nom, observait avec soin un petit ballon perdu emportant une lanterne et qu'il lançait du haut de l'établissement des Phares, près du Trocadéro. Il déterminait la direction de sa trajectoire, sa vitesse et il rédigeait une instruction pour l'aéronaute en partance.

Il avait trouvé ainsi que la *Ville d'Orléans* devait voyager trois ou quatre heures avant d'arriver sur le bord de la mer. Il est difficile de se faire une idée exacte de la confiance que ces avis, moins sûrs pourtant que ceux de Calchas[1], inspiraient aux aéronautes.

Dix jours après la *Ville d'Orléans*, le *Jules Favre n° 2*, partait encore de la gare du Nord, le pilote était muni de son ordre de marche. Il y avait à bord un passager qui était ingénieur des ponts et chaussées. Avant l'heure indiquée pour l'atterrissage, l'ingénieur aperçut la mer qui, du reste, annonçait sa présence par le bruit des vagues. Il dit à son guide de descendre, mais celui-ci refusa, alléguant la consigne. L'ingénieur insista avec une vivacité qu'il est facile de comprendre ; mais pendant que les deux hommes discutent, le ballon marchait. Bientôt il plane au milieu des flots. Il est trop tard.

---

1. Janssen avait reçu un avis de cette espèce dont naturellement il ne tint aucun compte et qui à l'heure de son atterrissage, envoyait son ballon au milieu de la Charente.

Les passagers de la *Ville d'Orléans* s'aperçoivent qu'ils sont au-dessus de l'océan.

pour ouvrir la soupape. Cependant, par un bonheur inouï, le *Jules Favre* arrive au-dessus d'une terre qui était Belle-Ile-en-Mer. Le pilote ne veut pas encore se rendre. Il tient à exécuter à la lettre la consigne, mais le passager s'insurge. Il se jette sur la corde de soupape, il l'ouvre en grand et le ballon atterrit un peu rudement. Par une coïncidence bizarre, le ballon abordait à côté de la maison du frère du général Trochu. Le passager de la *Ville d'Orléans* fut moins énergique, il se contenta de faire des observations à son pilote. Il lui montra les feux du port ; il le pria d'écouter la voix des flots, mais l'ordre était formel. De par le météorologiste des Postes dont la fausse science aggravait l'erreur des départs nocturnes, il fallut quand même que la *Ville d'Orléans* suivit jusqu'au bout sa fatale trajectoire.

Lorsque le temps marqué par le conseiller des Postes s'était accompli, la *Ville d'Orléans* était en mer. On entrevoyait quelque chose qui ressemblait trop aux vagues pour se hasarder à descendre malgré la consigne qui l'ordonnait.

Dès que le soleil se leva, le doute ne fut plus possible. Le ballon français naviguait au-dessus de la mer du Nord.

Bientôt ce fut pis encore. Non seulement MM. Rollier et Béziers avaient les vagues à leurs pieds, mais par un terrible effet de mirage, ils voyaient encore l'Océan se refléter au-dessus de leur tête.

Quand cet effet cessa, une neige abondante et volumineuse se mit à tomber. Le ballon était tellement alourdi qu'il fallait épuiser tout le lest disponible pour ne point être ramené à la surface de la mer. Dans cette position terrible, les deux égarés se laissèrent un instant aller à des idées de suicide. Ils imaginèrent de mettre feu au gaz du ballon afin d'être exterminés plus rapidement. Mais ils songèrent qu'ils n'étaient point libres de disposer de leurs vies qui appartenaient à la patrie.

En ce moment, ils jetèrent un regard sur la mer et ils aperçurent un navire qui semblait leur faire des signes de reconnaissance. Le pilote ouvrit la soupape et la *Ville d'Orléans* se rapprocha de la surface des flots. Mais à leur grand désespoir, le vent qui les portait était trop rapide pour que le navire pût les atteindre. Ils n'eurent pas l'heureuse inspiration de se mettre en traînage sur la mer. Au contraire, ils détachèrent les 200 kilogrammes de journaux et de lettres dont leur ballon était chargé et ils s'élancèrent à nouveau dans la haute atmosphère.

Les sacs furent d'abord engloutis, mais ils remontèrent et nagèrent à fleur d'eau, de sorte que l'équipage du navire qui était anglais put les saisir et le Post-Office fit la distribution de ces étranges épaves, à la grande satisfaction du public universel toutes les missives arrivèrent à destination.

La *Ville d'Orléans* abandonne ses deux voyageurs dans les glaciers du mont Zid.

Bientôt nos deux camarades parvinrent dans la région glacée où ils éprouvèrent des souffrances si horribles que, voulant à tout prix y échapper, ils ouvrirent de nouveau la soupape.

La *Ville d'Orléans* prit une descente qui s'accéléra naturellement, parce qu'il n'y avait plus à bord de lest à sacrifier. Le choc à terre fut terrible, mais il se produisit sur un énorme sapin couvert de neige où la nacelle se renversa. Les deux aéronautes roulèrent chacun de son côté, pendant que le ballon les abandonnait.

Nos deux compatriotes ne planaient plus au-dessus de l'Océan, mais leur situation ne s'était guère améliorée. Ils se trouvaient isolés au milieu des glaces du mont Zid, à 400 kilomètres plus au Nord que Christiania. Heureusement, ils trouvèrent deux indigènes qui leur servirent de guides et ils se dirigèrent à marches forcées sur la capitale du royaume de Norvège où leur aérostat ne tarda point à être rapporté. Il avait été découvert un peu plus au Nord, dans un autre glacier.

Sans perdre une minute, sur-le-champ, ils rendirent visite au consul de France, qui transmit les dépêches à Gambetta par le télégraphe électrique.

Malheureusement, cette dépêche égarée, qu'on n'avait pas voulu confier à l'*Égalité*, était celle qui envoyait l'ordre de marche en avant pour appuyer la grande sortie exécutée à Champigny. Malédiction! elle arrivait trop tard! La victoire de Coulmiers devenait inutile. L'armée allemande qui avait assiégé Metz avait fait sa jonction avec celle qui bloquait Paris! Tout était perdu! la guerre stratégique était finie. Ce qui commençait, c'était la guerre à outrance!

En racontant ces événements lugubres, M. de Freycinet s'écrie : « Pourquoi, pour une dépêche de cette importance, n'a-t-on pas multiplié les départs et s'est-on borné à envoyer *un seul ballon?* »

Cette patriotique exclamation retient la plus terrible leçon de choses que jamais nation ait reçue.

Il est vrai, une autre expédition fut tentée, mais quatre jours après le départ de la *Ville d'Orléans*, et le *Jacquard*, monté par le matelot Prince, fut englouti dans l'Océan Glacial.

Le souvenir de Prince a été consacré par une inscription monumentale qu'on peut lire dans la gare d'Orléans où le *Jacquard* a été gonflé. Il en a été de même de la mémoire du fusilier Lacaze. Un marbre analogue fut inauguré solennellement dans la grande salle d'attente de la gare du Nord d'où le *Richard Wallace* est parti.

Il existe encore, bien loin, de nos murs un autre monu-

Les aéronautes de la *Ville d'Orléans* guidés par des paysans traversent les glaciers du mont Zid.

ment rappelant le douloureux épisode des départs nocturnes du siège de Paris. Une colonne a été érigée à Christiania en l'honneur de l'ascension du mont Zid, qui a établi le record de la distance qu'elle a conservée jusqu'à l'ascension du comte de La Vaulx (Paris-Moscou) en 1900.

Les habitants de Venray, petite ville du Limbourg hollandais, en ont dressé une autre en l'honneur de la *Poste de Paris* qui y est descendue, le 28 janvier, à dix heures du matin, par un vent violent.

Ce qui caractérise cette grande époque, c'est que nombre de personnages distingués, outre ceux que nous avons déjà nommés et qui n'avaient jamais reçu le baptême de l'air, ont franchi les lignes ennemies et ont montré un grand courage. Parmi cette pléiade remarquable, nous citerons : Malapert, professeur d'Économie politique aux Arts et Métiers ; Lissajous, célèbre physicien, auteur de grandes découvertes en acoustique ; Youx, professeur de mathématiques ; d'Almeida, fondateur de la Société de Physique de Paris ; Rettlinger, avocat ; de Jouvencelle, auteur de plusieurs ouvrages scientifiques justement estimés ; Lemercier de Jauvelle, employé supérieur des Domaines ; le général de Boisdeffre, ancien chef d'état-major de l'armée de Paris.

On a souvent fait remarquer qu'en France, le courage court les rues ; il est bon de montrer que, quand le salut du pays l'exige, il court les nuages aussi.

CHAPITRE XIII

LES ASCENSIONS PRIVÉES APRÈS LE SIÈGE DE PARIS

Plusieurs aéronautes du siège, parmi lesquels nous citerons les frères Tissandier, sortis de Paris l'un avec le *Céleste*, l'autre avec le *Jean Bart*, qui avaient exécuté des ascensions captives à l'armée de la Loire, et tenté deux rentrées à Paris en partant des environs de Rouen, obtinrent du Gouvernement le don d'un ballon de siège. Ils organisèrent une série d'ascensions intéressantes qui furent décrites dans l'*Illustration* et les publications de la Maison Hachette avec laquelle les deux frères étaient en rapport

Gaston Tissandier.

depuis longtemps. La gravure que nous reproduisons représente un atterrissage plutôt mouvementé d'une des ascensions du *Jean Bart*. Par une décision du Ministre de la guerre, un autre ballon du siège fut mis à ma disposition pour la même

raison. Je profitai de cette libéralité pour exécuter quelques
études aéronautiques que je fis connaître au public par des
articles et des conférences. Les autres ballons du siège,
ramenés à Paris après la signature de la paix, auraient fourni
le matériel nécessaire à une foule d'expériences intéressantes,
malheureusement, une ascension fut exécutée par Eugène
Godard à bord du ballon l'*Univers* avec plusieurs officiers qui
recevaient le baptême de l'air dans le but louable de se consacrer à l'aérostation.

Par suite d'une série d'erreurs, le ballon était resté exposé
à la gelée pendant les jours les plus froids de l'hiver 1875-1876 ;
dans cette tentative, lorsqu'il se trouva à quelques centaines
de mètres de hauteur, l'enveloppe se déchira à la partie supérieure sous l'effort du gaz qui cherchait à se dilater. Une
chute terrible se produisit et la plupart des passagers avec
l'aéronaute furent blessés, sauf M. Albert Tissandier, ainsi que
nous l'avons déjà dit. Cette catastrophe fut le signal de la
mort de tous les ballons ; ces aérostats furent déchirés, et ven-
dus aux chiffons. Quant au pilote de l'*Univers*, il supporta les
conséquences de cette faute dont il n'était pas l'auteur, il fut
disgrâcié et l'on se priva des services du plus habile praticien
de l'époque. On n'épargna que le *Volta* que M. Janssen réclama ;
il figura à l'Exposition Universelle de 1900, et fait partie des
collections de l'Observatoire de Meudon. La salle des Conférences est ornée d'un tableau peint d'après les instructions de
M. Janssen. Cette toile représente la descente de l'illustre
astronome à Savenay, dans la Loire-Inférieure.

Deux autres ballons du siège ont échappé à ce *massacre des
innocents* : ce sont la *Ville d'Orléans* dont MM. Rollier et
Béziers ont fait hommage aux habitants de Christiania en
reconnaissance de l'accueil qu'ils ont reçu en 1870. Le second
est la *Ville de Paris*, qui est conservée à titre de trophée

La descente du *Jean Bart* dans une ascension sportive.

par l'Administration allemande dans l'arsenal de Munich.

Ces reliques ne donnent qu'une triste idée de l'art des aéronautes français, si on les examine sans songer à la rapidité avec laquelle ils ont été construits, et la nature spéciale des voyages auxquels ils étaient destinés.

Gambetta était trop complètement absorbé par les préoccupations politiques pour contribuer personnellement au développement de l'aérostation. Mais il avait bien compris l'importance de cette science et il s'était rendu compte des services qu'elle aurait rendus à la République, si les membres du Gouvernement de la Défense Nationale n'avaient point été aussi complètement étrangers aux éléments de la navigation aérienne. Il appuya donc la fondation d'une Société française de navigation aérienne, formée comme nous l'avons déjà rapporté avec les débris de la Société Dupuis-Delcourt qui, depuis les mésaventures du *Géant*, n'existait plus que de nom. Le premier acte de la Société nouvelle, en 1873, fut de réunir un fond d'expériences d'une soixantaine de mille francs, et de faire construire un ballon de 3000 mètres cubes en soie, auquel on donna le nom de *Zénith*.

Les ascensions commencèrent d'une façon brillante et des récits fort intéressants furent publiés dans la *Nature*, journal que G. Tissandier créa avec l'aide de Giffard et qui devint comme le Moniteur de la Navigation aérienne. C'est à cette circonstance que ce journal a dû surtout l'immense popularité dont il a joui pendant de nombreuses années.

Malheureusement, l'on eut l'idée d'exécuter des ascensions dans la haute atmosphère, au-dessus des zones où Glaisher s'était évanoui.

Au milieu d'avril 1874, trois intrépides explorateurs se lançaient dans l'atmosphère et, pleins de vie, de projets, de santé, partaient de l'usine de la Villette. Quelques heures après, lorsque le *Zénith* atterrissait dans la ville du Blanc, deux des voyageurs, Crocé-Spinelli et Sivel, n'étaient plus que

Catastrophe du *Zénith*.

deux cadavres ; le troisième, M. Gaston Tissandier, s'était évanoui avant la catastrophe, il revint vivant, mais il ne put dire ce qui s'était passé.

C'est vingt années plus tard, lorsque M. Berson eut repris l'expérience avec toutes les précautions indiquées par une série d'essais préalables exécutés à moindre altitude, que l'on comprit ce qui s'était produit.

L'expédition avait été organisée par un physiologiste distingué, excellent orateur et écrivain de premier ordre, mais manquant totalement de pratique en navigation aérienne.

Il avait donné aux partants l'ordre de ne respirer l'oxygène pur que quand ils se sentiraient incommodés ; mais la pratique du procédé a constaté que les effets de la dépression se font sentir brusquement comme ceux d'un coup de foudre. Lorsqu'on se sent incommodé, il est trop tard pour porter à la bouche le tube inspirateur ; par miracle, pourrait-on réussir qu'il serait trop tard : l'on serait hors d'état de pratiquer le mouvement de déglutition indispensable pour que l'oxygène pénètre dans les poumons.

De plus, il est constaté que l'évanouissement produit par la dépression n'est que temporaire. Les victimes reviennent à la vie immédiatement après avoir été ramenées à une altitude assez basse pour que la respiration puisse produire ses effets accoutumés. Comme tel n'a pas été le cas des deux compagnons de Tissandier, il est certain qu'ils ont été empoisonnés par le gaz qui est sorti de l'appendice avec violence. En effet, dociles aux instructions du savant physiologiste, ils ont jeté le lest par sac à une altitude où il est indispensable de l'égrener soigneusement.

Certainement l'autopsie aurait confirmé cette thèse. Mais elle était en quelque sorte inutile ; en effet, les deux martyrs de la science n'étaient pas morts lorsque le *Zénith* les a ramenés à terre, car de la bouche des cadavres sortait une écume ensanglantée.

La Société Française ouvrit une souscription publique en faveur des parents des victimes et réunit une somme de plus de 100 000 francs. On leur fit des funérailles magnifiques et on éleva au Père-Lachaise un tombeau monumental. Mais, au lieu d'honorer la mémoire de ces héros en continuant leur œuvre, la Société Française eut la fatale idée de faire une relique du *Zénith* et de l'envoyer au Conservatoire des Arts et Métiers.

Depuis lors, elle parvint bien à organiser quelques expériences, mais la grande période d'activité était passée et l'hon-

Gonflement nocturne de l'aérostat pour l'observation des étoiles filantes.

neur d'employer réellement des inhalations d'oxygène appartient à la Société de Navigation Aérienne *de Berlin*. C'était M. Berson qui, dans le ballon le *Phœnix*, offert par l'empereur d'Allemagne, devait acquérir ce titre de gloire à sa nation. Dans une circonstance malheureuse, la Société de Berlin donna un noble exemple dont il faut la féliciter. Le capitaine von Sigsfeld, un des aéronautes allemands les plus justement célèbres, périt près d'Anvers dans une ascension exécutée avec un grand ballon que la Société venait de faire construire. Les membres payèrent un juste tribut d'honneurs au défunt. Mais, en même temps, ils continuèrent à se servir du ballon qu'il avait piloté.

Ajoutons un détail caractéristique à l'histoire du *Zénith*.

Le directeur qui avait accepté le dépôt du ballon au Conservatoire, fut remplacé par un successeur qui avait fait plusieurs ascensions et s'était occupé d'aérostation, qui même avait été président de la Société Française. Ce personnage trouva le *Zénith* trop encombrant ; au lieu de le rendre à ses anciens propriétaires, il le fit simplement vendre aux chiffonniers.

Le marquis de Dion était un des membres les plus zélés de la Société Française avant de devenir le président de l'Aéro-Club. Il fit construire un grand ballon qu'il nomma l'*Horizon* afin de montrer qu'il devait terminer l'œuvre du *Zénith* et vers 1886, il le fit gonfler à l'usine à gaz de la Villette dans le but de faire lui-même une ascension.

L'*Horizon* fut rempli de gaz à l'aide d'un système compliqué que les aéronautes civils n'emploient jamais.

Il était retenu par un grand nombre de cordes d'équateur que l'on passe dans autant de poulies dont la queue est fixée à terre et qui sont disposées circulairement. Dans chaque poulie, glisse une corde dont le bout est tenu à la main par un soldat. Chacun d'eux doit lâcher la même quantité de corde, pour permettre au ballon de quitter le sol lorsqu'il s'agit d'attacher la nacelle. La force ascensionnelle est énorme. Elle suffit pour briser comme un fétu de paille chaque corde prise isolément. En ce moment délicat, un soldat ne fila pas assez vite le brin qu'il était chargé de guider, celui-ci se rompit ; à droite et à gauche, les brins voisins firent de même à tour de rôle, et en une seconde, le ballon s'envola à vide devant l'assistance ébahie.

L'*Horizon* fut retrouvé par des paysans du centre de la France, vidé ; ramené à Paris, regonflé par un procédé plus rationnel, il partit triomphalement quelques jours après : il avait donné ainsi une démonstration des plus utiles au progrès de la mécanique aérienne.

Les marais dans lesquelles allait descendre le ballon des *Étoiles filantes.*

C'est sous la présidence de M. Janssen, qui occupait déjà

le fauteuil en 1874, lors des ascensions du *Zénith*, qu'eurent lieu en 1897 les premières ascensions pour l'observation des étoiles filantes. C'est dans ces ascensions que Mlle Dorothée Klumpke, alors attachée à l'Observatoire de Paris et depuis devenue Mme Isaac Roberts, a reçu le baptême de l'air. La descente fut exécutée sur les bords de la mer, en vue du mont Saint-Michel. Elle fut très habilement organisée par M. Mallet, après une promenade assez longue au-dessus de marais d'une forme étrange dont l'absence de lumière ne permettait pas de reconnaître la nature, mais qui intriguait fort les voyageurs aériens.

En 1876, lors de l'Exposition de Philadelphie, la Société Française chargea M. Farcot, de lui faire un rapport sur ce qu'il trouverait d'intéressant au point de vue de l'aérostation.

M. Farcot était un célèbre horloger, inventeur des remontoirs, à l'aide desquels il s'est acquis une grande fortune; il avait piloté avec beaucoup de talent le *Louis Blanc* et apporté à Tours un nombre considérable de pigeons de choix qui avaient admirablement ravitaillé le colombier de la République. La manière élégante dont il avait conduit ce ballon du siège était d'autant plus remarquable qu'il avait perdu le pouce de la main droite à la suite de l'explosion d'une machine par trop légère qu'il destinait à un ballon dirigeable de son invention.

A la suite de cet accident, dans lequel il avait failli périr, il avait interrompu ses constructions. Il s'était contenté d'exposer ses projets dans une brochure fort curieuse, et, coïncidence digne d'attention, ce dirigeable projeté ressemblait dans ses grandes lignes au meilleur de tous ceux qui ont vu le jour jusqu'à présent, c'est-à-dire au *Lebaudy*. Mais cette preuve de sagacité n'était pas la seule que cet ami éclairé de la navigation aérienne devait donner à une époque où les conditions essentielles du succès d'un ballon automobile étaient loin d'être connues.

Encore en Amérique, sans attendre même de revenir en France, Eugène Farcot adressa à la Société un mémoire qui lui fait infiniment d'honneur et qui, inséré *in extenso* dans l'*Aéronaute*, est une des pièces les plus précieuses d'une collection remontant jusqu'à l'année 1867. Dans ce document, digne d'être réimprimé, Eugène Farcot engage ses collègues à employer pour la navigation aérienne, non point la machine à vapeur qu'il a indiquée dans sa brochure, mais le *moteur à explosions de pétrole* dont il a vu un spécimen. Il leur donne le conseil de s'entendre avec l'inventeur pour étudier les modifications convenant à cette application.

Treize ans après, Eugène Farcot était enlevé à la science et à ses amis. Il léguait à la Société une somme de 50 000 francs pour mettre à exécution le plan qu'il avait conçu et construire une chaloupe aérienne, que l'on ferait manœuvrer devant le public afin de recueillir l'argent nécessaire pour édifier un dirigeable susceptible d'accomplir le voyage de Chine rêvé par Nadar. C'était le plan du *Géant* dont Farcot avait été actionnaire, appliqué non à la destruction mais au perfectionnement des ballons. Mais ce noble but était encore insuffisant pour la patriotique ambition de Farcot.

Un autre legs de semblable importance était consacré à l'édification d'une gare à ballon, après avoir été placé pendant un siècle à intérêt composé.

Ce second legs est devenu inutile par suite de la construction de la Galerie des Machines et devra être consacré à la formation d'une caisse de secours pour les aéronautes tombés dans la misère, suivant les intentions du testateur, qui avec une singulière intelligence pratique a prévu le cas où cette création serait superflue.

Mais la Société fût longue à toucher ses legs, par suite d'un désaccord avec les héritiers.

Lorsque le testateur mourut, la Société Française n'était point encore reconnue d'utilité publique; elle n'était point apte à hériter.

Malgré la bonne volonté du Ministère de l'instruction publique, il n'a pas fallu moins de sept années pour que le Conseil d'État se décidât à accorder l'autorisation nécessaire.

En 1902, quand toutes les formalités se sont trouvées remplies, Mme Farcot, qui tenait à accomplir religieusement les vœux de son mari, était décédée. A sa place, la Société trouva un légataire universel avec lequel, après différents incidents elle tomba finalement d'accord. Mais ce n'est qu'en 1907 que cette société put entrer en possession de la somme importante qn'elle devait à la munificence d'un aéronaute du siège qui fut un de ses membres les plus zélés.

La Société Française ne devait pas rester longtemps seule en France. Son exemple fut bientôt suivi par une association qui eut ses jours de gloire et à laquelle on donna le nom ambitieux d'Académie d'Aérostation.

La pensée des créateurs n'était pas celle qui devait animer plus tard les Goncourt en créant leur académie ; ils voulaient un centre d'action destiné à populariser l'idée de l'aérostation et à créer des praticiens ayant l'amour de leur profession, et des connaissances théoriques sérieuses.

Cette Société s'entendait avec les municipalités pour exécuter des ascensions de fête accompagnées de démonstrations sur le terrain et de conférences. Elle cherchait surtout à créer des élèves et réussit admirablement : les nombreux adeptes qu'elle réunit devinrent rapidement des maitres, et lui firent concurrence ; mais une pépinière de praticiens avait été formée et l'art de piloter les ballons est devenu populaire en France.

Descente de *Lhoste* en Angleterre.

Quelques-uns de ses élèves devinrent célèbres, d'autres

trouvèrent la mort en des entreprises hasardeuses pour lesquelles ils étaient en général passionnés.

Parmi ces derniers, nous citerons François Lhoste auquel l'habitude de résoudre heureusement les plus grandes difficultés de son métier d'aéronaute suggéra l'idée de tenter la périlleuse entreprise de traverser la Manche comme Pilâtre de Rozier l'avait essayé, de France en Angleterre.

François Lhoste se livra plusieurs fois à d'infructueuses tentatives dans lesquelles un navigateur aérien moins habile, aurait infailliblement péri : chaque fois il fut sauvé miraculeusement.

Enfin il réussit à atterrir dans les environs de Douvres. Cette magnifique performance fit grand bruit dans le monde aérien, et le succès qu'il venait de remporter engagea Lhoste à chercher une nouvelle moisson de lauriers.

Sur ces entrefaites il fit connaissance de Joseph Mangot, jeune homme appartenant à une honorable famille de Mondidier qui brûlait du désir de s'illustrer dans la carrière aérienne et de se consacrer aux observations astronomiques faites en ballon.

Les deux amis, dont les parents jouissaient d'une grande aisance, tentèrent de nouveau la traversée en partant de Cherbourg, station choisie d'après le conseil de Giffard. Le ballon qu'ils construisirent portait le nom d'*Arago* en l'honneur du ministre-astronome dont ils se proposaient de suivre les instructions posthumes, il était muni de quelques agrès qui ne leur furent, en réalité, d'aucun secours sérieux. C'est l'heureux choix de la station et de l'altitude qui fit le succès de l'expérience. L'*Arago* atterrit à Londres même. Ils furent reçus à merveille par le président de la *Balloon Society*, mais ne sachant ni l'un ni l'autre un traître mot d'anglais, ils revinrent en France trop rapidement pour jouir de leur triomphe.

Quelques mois à peine s'écoulèrent et nos deux audacieux pionniers partaient accompagnés par M. Archdeacon, de l'usine de la Villette. Un caprice du vent les jeta à l'embouchure de la Seine. Pendant le gonflement, leur ballon avait subi une forte déchirure que l'on n'avait pas pris le temps de réparer convenablement. On s'était borné à la couvrir avec un morceau de papier collé à la hâte. Malgré la défectuosité de leur matériel, ils avaient une confiance si absolue dans leur étoile, qu'ils voulurent tenter l'aventure d'un nouveau passage du détroit. Ils offrirent à M. Archdeacon de partager le triomphe sur lequel ils comptaient. Celui-ci, dont le courage est

Les ballons satellites de l'*Arago* (Lhoste).

bien connu, ne se borna pas à refuser, il les adjura de renoncer à leur folle entreprise. Il eut beau employer les termes les plus touchants, les deux infortunés persistèrent. Ils disparurent et, quelques jours après, on apprit qu'un steamer avait recueilli une épave qui ressemblait à un ballon. La blessure de l'*Arago* s'était ouverte en mer et deux martyrs s'ajoutaient à la liste des victimes de la conquête de l'air.

Particularité honorable du caractère français, Lhoste et Mangot avaient chacun un frère que chacun aimait et dont il était tendrement aimé. Chacun de ces deux braves jeunes gens prouva l'intensité de ses regrets en adoptant, pendant plusieurs années, la profession de celui qu'il pleurait. Chacun accomplit avec talent et sans accident sa nouvelle profession. Frédéric Lhoste exécuta même avec un bonheur remarquable des ascensions des plus dangereuses au-dessus du Zuyderzée. Il fut si bien reçu en Hollande qu'il fit la conquête d'une charmante indigène qu'il épousa et ramena à Paris.

L'Académie a excité l'enthousiasme de ses élèves dont la plupart furent formés par M. Perron, son président, architecte qui était devenu un habile praticien, et Jovis, le chef du matériel. Ce dernier finit par se séparer de l'Académie et par créer une Société qui obtint, au moins pendant un certain temps, un grand succès. Elles furent remarquables non seulement par l'habileté avec laquelle les manœuvres étaient exécutées, mais par le luxe avec lequel les installations de la nacelle étaient établies. Sa création ne put lui survivre, mais elle exerça pendant quelques années une grande influence pour le développement de l'aérostation parmi les classes riches. C'est dans cette Société que M. Maurice Mallet, le célèbre constructeur actuel, a puisé les premiers éléments de l'art qu'il professe aujourd'hui, avec tant de succès.

Parmi les élèves de l'Académie, nous citerons encore M. Surcouf, dont l'éloquence et le talent sont bien connus ; il possède un établissement renommé de constructions aéronautiques et autres. M. Surcouf fut désigné comme le plus méritant des élèves pour nous accompagner, M. Perron et moi, dans l'ascension que nous avons exécutée le 19 octobre au Palais de Cristal en concurrence avec Wright, célèbre aéronaute anglais. Il était décidé que l'on s'arrêterait sur les bords de la mer. Cependant, nous crûmes bon de traverser la baie de Portsmouth sur le rivage de laquelle le vent nous poussait. L'ascension fut retardée à cause d'une chute abondante de neige qui rendait le départ impossible. Toute course est manifestement impossible dans de pareilles conditions. Ce retard me valut l'honneur d'assister au banquet que donnait la Compagnie du Palais de Cristal et le Lord-Maire aux conseillers municipaux de Paris, devançant ainsi de bien des années l'*entente cordiale*. Je profitai de cette circonstance pour remercier nos hôtes de l'occasion qu'ils nous offraient de nous mesurer amicalement avec nos collègues anglais. J'ajoutai que je les félicitais doublement parce que nous ne pourrions leur rendre la pareille : « en effet la Compagnie parisienne refusait de livrer du gaz pour les ascensions publiques. » Cette partie de mon discours étonna fort les conseillers municipaux qui m'écoutaient. Ils s'indignèrent vivement de ces agissements, et promirent de mettre un terme à cet état de choses, ce qui eut lieu en effet.

CHAPITRE XIV

LES BALLONS-SONDES

Ainsi que nous l'avons rapporté dans le premier chapitre, l'invention presque simultanée des ballons et des montgolfières mit à la mode le lancement de ces objets, que les plus grands seigneurs prenaient plaisir à voir disparaître dans les airs. Nous reproduisons une figure du temps qui montre que l'on conviait des invités à ces départs, comme on le ferait de nos jours à un lâcher-tout de ballon dirigeable.

Avec les montgolfières, ce spectacle était surtout attrayant. En effet, on attachait à la partie inférieure de la machine une cassolette dans laquelle on mettait de l'essence qu'on avait le soin d'enflammer. La course était prolongée et, lorsque la nuit était noire, on avait le plaisir de suivre longtemps le globe lumineux avec une lunette.

Ces délassements de bonne compagnie prirent tant de développement que certaines montgolfières perdues atterrirent sur des meules de foin. Il en résulta des incendies. Pour mettre un terme à ces accidents, le lieutenant de Police rendit une ordonnance interdisant ce genre de récréation.

Ces montgolfières, malgré les foyers qu'elles emportaient dans le but de prolonger leur séjour dans l'air, n'allaient jamais bien loin; il n'en était pas de même des ballons auxquels on attachait des cartes portant le nom et l'adresse du propriétaire, avec prière de faire connaître l'endroit et les circonstances de l'atterrissage. Mais les renseignements recueillis étaient excessivement vagues; on put publier à plusieurs reprises des articles scientifiques à ce point de vue, mais les réponses étant par trop rudimentaires, ne fournirent aucun renseignement sur l'état de l'atmosphère.

Il en fut tout autrement lorsque cette idée féconde vint à l'esprit de deux jeunes aéronautes français, MM. Hermite et Besançon, qui adjoignirent à leurs ballons lâchés librement des observateurs automates, très légers puisqu'il suffit d'un poids d'un kilogramme pour avoir un physicien à muscle de cuivre et d'acier, n'éprouvant pas le besoin de dormir ni de respirer, qui jamais ne se trompe et qui est incapable de rapporter des observations frauduleuses.

MM. Hermite et Besançon ne sont pas arrivés du premier coup à réaliser les enregistrements de la pression et de la température. Ils ont commencé à le faire d'une façon élémentaire à l'aide de thermomètres et de baromètres à minima de leur invention. Ces notions simples sont déjà d'un énorme secours. On peut, à l'aide d'appareils qui coûteraient quelques sous, se rendre compte de ce qui se passe en l'air au-dessus de Paris, à une hauteur comparable à celle du Mont Blanc; mais nos jeunes météorologistes les ont dédaignés pour obéir à une tendance sublime, naturelle à l'esprit français, et se sont préoccupés d'aller de plus en plus haut, toujours plus haut et plus haut encore. C'est ainsi qu'ils sont arrivés à dépasser l'altitude de 20 000 mètres.

Le premier lancer de ballon-sonde dans lequel MM. Hermite et Besançon avaient essayé leur observateur-automate d'une façon sérieuse et complète, eut lieu aux arènes aérostatiques de Vaugirard.

Le spectacle était de toute beauté. Fraîchement revêtu d'une couche de vernis à laquelle on avait à peine donné le temps de sécher, et traversant un ciel magnifique, le petit

Enlèvement d'une montgolfière, perdue en 1784, dans le parc de Chantilly.

globe réfléchissait les rayons solaires avec une force inouïe.

Il avait un rayonnement si puissant qu'on l'apercevait à l'œil nu, quoiqu'il eût à peine 6 mètres de diamètre et se trouvât à une distance de 14 kilomètres, deux fois l'altitude du pic le plus élevé de l'Hymalaya.

Ayant appris les détails de cette belle expérience, que le *Cosmos* publia, M. Assmann, célèbre physicien attaché au bureau météorologique de Berlin, dont nous avons déjà cité le nom avec éloge, s'émut. Il écrivit à MM. Hermite et Besançon une lettre dans laquelle il leur apprenait que Sa Majesté l'empereur Guillaume avait mis à sa disposition, sur les fonds de sa cassette, la somme nécessaire pour lancer 12 ballons-sondes, qu'il allait procéder à des expériences et qu'il les défiait d'atteindre à Paris les altitudes auxquelles il espérait parvenir à Berlin.

C'était un cartel scientifique en règle qui arrivait d'Outre-Rhin aux deux savants français.

MM. Hermite et Besançon acceptèrent immédiatement, sûrs qu'ils ne seraient pas abandonnés dans une lutte aussi utile au progrès. En effet, lorsque les rivalités internationales prennent une forme pareille et qu'elles amènent des corps d'armée en présence sur les champs de bataille de la science, le monde civilisé assiste à des luttes saintes, dans lesquelles les flots de sang sont remplacés avec avantage par des torrents d'encre et de sueur.

MM. Hermite et Besançon ne s'étaient point trompés... Ils furent soutenus énergiquement. Il se forma un Comité scientifique de patronage présidé par M. Bouquet de la Grye, membre de l'Académie des Sciences : M. Mascart, M. Cailletet et M. Violle en firent également partie.

La Commission administrative de l'Académie des Sciences, le prince Roland Bonaparte, le prince de Monaco et les barons Alphonse et Edmond de Rothschild, mirent à la disposition des

généraux de l'aéronautique savante les fonds nécessaires pour
soutenir une lutte dont il serait malheureusement trop long
de raconter les différentes péripéties, mais dans laquelle il
nous suffira de dire que l'avantage resta à la patrie des ballons-sonde.

C'est à l'usine de la Villette qu'eut lieu le premier acte de

Ballon précipité, au moment du départ, contre un gazomètre de l'usine à gaz
de la Villette.

cette guerre aérienne, dans lequel on constata l'état d'extrême
agitation qui saisit le bolide terrestre lorsqu'on n'ajoute
point un sac de lest pour tempérer l'ardeur avec laquelle il
fait sa trouée dans le ciel.

A l'issue de cette campagne mouvementée, il fut décidé
que l'on organiserait un Comité international pour le lancement des ballons-sondes et qu'il y aurait des Congrès perma-
nents d'aéronautique scientifique se réunissant tous les deux
ans. Le premier se tint à Strasbourg en 1898, le second à
Paris en 1900, le troisième à Berlin en 1902, le quatrième à

Saint-Pétersbourg en 1904, le cinquième à Milan en 1906. Cependant dans cette dernière réunion il a été décidé que les sessions n'auraient plus lieu désormais que de 3 en 3 ans.

Le nombre et l'importance des résolutions prises dans ces divers Congrès a été en augmentant d'année en année. On peut dire que les expériences inaugurées à Paris, il y a une douzaine d'années par deux hardis chercheurs, ont servi de point de départ au rapprochement de toutes les nations civilisées dans un commun effort pour la conquête de l'air.

Les lancers internationaux, qui étaient d'abord facultatifs, ont lieu régulièrement le premier jeudi de chaque mois, et dans les circonstances importantes, comme lors des éclipses totales de soleil. Les frais de la publication du compte rendu des expériences internationales qui étaient supportés en premier lieu par le Gouvernement allemand, sont maintenant à la charge de toutes les nations participantes, dont le nombre a augmenté.

A l'Allemagne, l'Autriche, la Bavière, la France et la Russie, sont venues se joindre l'Angleterre, l'Espagne, l'Italie, la Suisse, la Belgique et les États-Unis.

Les observations faites en ballon ne sont pas les seules qui soient enregistrées : les températures et l'état du ciel sont déterminés dans une trentaine d'Observatoires situés en montagne. On y joint les lectures d'instruments emportés dans la moyenne atmosphère, à des hauteurs comparables à celle du Mont Blanc, avec des enregistreurs enlevés soit par des ballons captifs, soit par des cerfs-volants météorologiques.

Les États-Unis, qui s'étaient bornés jusqu'ici à organiser ce genre d'observations, entrent dans une voie plus féconde et paraissent consentir aux autres modes d'observations.

M. Tesserenc de Bort, président de la Société de Météorologie, a fondé à Itteville et à Trappes, près de Paris, deux

Observatoires dans lesquels il a lancé à ses frais plus de
1 000 ballons-sondes dont la plupart ont donné des indications susceptibles d'être discutées scientifiquement et à l'aide
desquelles il a esquissé une théorie de la répartition de la
température de la haute atmosphère. Ce n'est pas ici le lieu
d'examiner la valeur précise des conclusions auxquelles ce
savant est arrivé. Nous devons nous contenter de le féliciter
chaudement de son zèle. En effet, il ne s'est pas borné à établir les stations qui portent son nom. mais il a été dans le
Jutland coopérer à la fondation d'un Observatoire organisé sur
les mêmes principes que les siens, et dont l'entretien est
assuré à l'aide de la participation du Gouvernement danois et
de souscriptions locales, car les savants et les gens riches ont
été entrainés par l'exemple que donnait un physicien
étranger.

L'initiative de M. Tesserenc de Bort était comprise à
Berlin où le gouvernement a mis à la disposition de
MM. Assmann et Berson les ressources nécessaires et fondé un
grand Observatoire de météorologie aéronautique. Cet établissement a été créé d'abord près de Berlin où il a fonctionné
avec succès pendant plusieurs années. Les chiffres que nous
indiquons plus loin permettent de nous faire une idée de l'activité qui y a régné aussitôt qu'il a été ouvert. Mais la rupture
des fils de cerfs-volants se produisant dans un pays où la population est très dense et la culture très active. amenait des
demandes incessantes de dommages et intérêts auxquelles il
était indispensable de faire droit. En effet. les fils d'archal
précipités à la surface de la terre, s'enroulaient autour des
animaux, des voitures et arrêtaient même parfois les locomo-
tives. En conséquence. cet établissement si dangereux pour
le voisinage, fut transporté à Lindenberg, dans un district
relativement désert.

Dans cette nouvelle situation, l'organisation est la même. Pour lancer des ballons-sondes, on s'est inspiré de ce qui se fait à Trappes, où M. Tesserenc de Bort a établi un petit hangar ouvert d'un côté et mobile sur un pivot, de manière à pouvoir présenter constamment le côté fermé au vent régnant. lorsqu'on lance le ballon-sonde. Cette précaution est indispensable parce que les ballons sortant des ateliers de M. Tesserenc de Bort sont construits en simple papier d'affiches. Cette enveloppe si fragile suffit amplement pour atteindre les plus grandes altitudes. Bien entendu, il faut dans ce cas que le ballon-sonde soit pourvu d'un sac se délestant automatiquement pour permettre à la vitesse d'atteindre une valeur pratique suffisante sans risquer de déchirer l'aérostat par le frottement contre l'air. En prenant ainsi de minutieuses précautions on parvient toujours à des altitudes où l'homme ne saurait vivre.

La valeur du ballon en papier est si faible que dans les instructions imprimées qu'il y attache, M. Tesserenc de Bort a soin de demander qu'on ne lui renvoie que l'enregistreur et qu'on garde l'aérostat. Celui-ci est du reste presque toujours déchiré.

M. Assmann a inauguré un système fort ingénieux qui offre sur celui de M. Tesserenc de Bort un avantage sérieux : il exige beaucoup moins de gaz. En effet, on renferme l'hydrogène ou le gaz d'éclairage que l'on emploie, dans un ballon en caoutchouc que l'on ferme hermétiquement. Un ballon d'un mètre de diamètre, contenant 510 litres, n'éclate, s'il est bien conditionné, que lorsqu'il a acquis un volume de 6 à 7 000 litres. Il peut donc atteindre une altitude de plus de 15 000 mètres.

L'observation offre un grand avantage à un autre point de vue : l'ascension est très rapide ainsi que la descente et les

appareils peuvent être retrouvés sur le champ. On pourrait
régler le départ de manière à lancer des ballons-sonde, qui
retomberaient presque immédiatement en rapportant des nouvelles de ce qui se passe à quelques kilomètres d'altitude.
Dans ce cas les indications peuvent être recueillies plus vite
qu'avec un cerf volant.

Ces messages, quasi-instantanés, pourraient être utilisés
peut-être jusqu'à un certain point dans la rédaction des avis
quotidiens en prévision du temps. Le seul défaut c'est que la
fabrication de ces ballons en caoutchouc est assez dispen-
dieuse, parce que leur construction doit être très soignée,
lorsque l'on veut qu'ils pénètrent dans la haute atmosphère et
dépassent l'altitude des grands ballons français construits en
papier.

Il est curieux de donner une idée de la belle activité
scientifique qui règne dans les Observatoires aéronautiques
d'Allemagne. Voici le résumé des opérations des deux
dernières campagnes dont le compte rendu nous soit
parvenu : En 1903, il a été procédé à 481 sondages aériens
et à 453 en 1904. La plupart de ces opérations ont été exécutées avec des cerfs-volants, mais la moyenne des altitudes
obtenues avec ces instruments simples est très satisfaisante.
En 1903, elle a été de 2014 mètres, et, en 1904, elle a
augmenté d'une façon sensible : elle n'a point été moindre
de 2433. La plus grande altitude obtenue a été de 5100 mètres
en mars 1903. Dans ces deux années, 3000 mètres ont été
dépassés 88 fois.

En 1903, on a lancé 19 ballons-sondes et exécuté 8 ascensions libres à grande hauteur dont les résultats ont été
exposés avec le plus grand soin. En 1904, le même nombre
d'ascensions libres a été atteint et 13 ascensions de ballons-
sondes ont été faites.

Le dernier numéro de la publication spéciale consacrée aux opérations est celui du 1er décembre 1904. Il comprend les renseignements aéronautiques recueillis aux stations suivantes : Trappes, Itterville, Anhalt, Guadalajara, Rome, Pavie, Zurich, Strasbourg, Hambourg, Berlin, Munich, Vienne, Stockholm, Pawlosky, Blue Hill (Massachusetts) et Saint-Louis (Missouri).

Les observations de cette Station méritent une mention spéciale, car c'est la première fois que sur le continent américain, l'on se décide à envoyer un ballon-sonde dans les airs. Jusqu'alors, on se bornait à se servir de cerfs-volants dont l'usage en météorologie est dû à un savant directeur de l'Observatoire de Blue-Hill, M. Rotch.

Les nombres recueillis jusqu'ici ne peuvent être considérés que comme étant destinés à fournir des éléments généraux pour la météorologie dynamique de l'avenir. Un petit nombre de savants ont ébauché la discussion de ces résultats qui ne peuvent être considérés comme définitifs, à cause des chances d'erreur auxquelles ils sont soumis et dont on étudie en ce moment l'influence. Mais, ces résultats d'un caractère si intéressant, ne sauraient être discutés sans nous écarter du but que nous poursuivons en ce moment.

Nous dirons seulement que la météorologie océanique a fait un pas de géant à la suite de l'introduction de la méthode des ballons-sondes. En effet, les cerfs-volants météorologiques dont l'importance s'est révélée, s'appliquent à merveille dans les observations maritimes, à grande altitude. Le mouvement du navire fournit toujours le vent minimum dont cet organe ne peut se passer. Mais cet emploi de l'appareil, si longtemps dédaigné comme un jouet, est loin d'être le seul auquel il se prête. Depuis le petit nombre d'années qu'on a songé à en faire un usage sérieux, deux applications différentes se sont révélées. La première, qui n'est point purement aérostatique, consiste à constituer une excellente antenne pour recueillir les effluves de la télégraphie sans fil, ou les communiquer à distance. Les cerfs-volants, complétés par les ballons dans les cas où il n'y a pas de vent, rivalisent utilement avec les Observatoires de montagne pour fournir les données météorologiques à une grande altitude.

Les cerfs-volants météorologiques appartiennent à la catégorie des instruments et des appareils plus lourds que l'air, mais ce n'est pas dans ce sens que l'entendaient les apôtres du droit au vol, car s'il est vrai que tout gaz a disparu, par compensation, on a donné au mobile aérien un point d'appui à la surface de la terre.

C'est une combinaison à laquelle les inventeurs d'oiseaux n'avaient pas songé, quoiqu'elle fût fort ancienne et très répandue ; les cerfs-volants se trouvèrent entre les mains des enfants de la Chine avant peut-être que ceux d'Alexandrie aient joué avec l'éolypile de Hiéron.

Une seconde application des cerfs-volants paraît avoir été découverte par M. Janssen de Batavia, qui destine ces appareils à venir en aide aux navires en détresse non loin des côtes. Depuis longtemps, on avait songé à ce procédé, mais il était très rare que les sauveteurs parviennent à se porter dans le lit du vent qui souffle sur le bâtiment désemparé. M. Janssen qui est membre de la Société Française de Navigation Aérienne a imaginé d'attacher à la ligne qui conduit le cerf-volant une amarre latérale à l'aide de laquelle le cerf-volant est rendu dirigeable. Des expériences de ce genre ont été faites au polygone de Vincennes et ont parfaitement réussi. Elles ont été répétées avec un brillant succès à Lorient devant la Société Nationale de Sauvetage. Avec l'autorisation des autorités supérieures, la Société de Navigation Aérienne a établi

au polygone des concours de cerfs-volants qui attirent une
foule nombreuse et sont très utiles à cette forme du plus
lourd que l'air, qui, même à la guerre, n'a pas dit son dernier mot.

CHAPITRE XV

L'AÉROSTATION MILITAIRE

La Restauration employa des ballons dans les cérémonies publiques. Mme Blanchard fit, lors du retour de Louis XVIII, une ascension sur le terre-plein du Pont-Neuf ; ce départ aérien a été représenté sur de très jolies estampes. Charles X eut le mérite de songer aux ballons qu'il avait admirés dans sa jeunesse, lorsqu'il n'était encore que comte d'Artois. La flotte de l'amiral Duperré emportait à Alger un ballon militaire qui devait être monté par un aéronaute dont l'histoire ne connaît que le nom et qui s'appelait Margat. Mais la résistance des Janissaires fut de si courte durée que le ballon militaire de la monarchie du droit divin revint à Toulon sans avoir été gonflé et a sans doute pourri dans les arsenaux.

Des ascensions aérostatiques étaient exécutées lors des fêtes données par le Gouvernement à la population de Paris, mais le Ministre de la guerre avait persévéré dans le dédain affiché par Napoléon Ier pour tout ce qui tenait à l'aérostation. Il en fut de même pendant la seconde République et le second Empire. Une seule fois, après la bataille de Solférino, Napoléon III eut l'idée de faire exécuter des ascensions par Godard qui portait avec orgueil le titre d'Aéronaute de l'Empereur. L'ignorance était si grande à l'État-Major Général que ces ascensions, comme nous l'avons dit, furent faites à l'aide de simples montgolfières et de plus après que la bataille avait été gagnée.

Quelques gouvernements étrangers se montrèrent plus intelligents avant l'Année terrible. Pendant la guerre contre Venise, les Autrichiens essayèrent d'employer des montgolfières perdues pour réduire la reine de l'Adriatique.

Ils commencèrent par lancer leurs projectiles du pont de navires qui formaient le blocus de la côte. Le vent porta les bombes bien au delà de la ville. Elles éclatèrent dans des lagunes sans produire aucun effet. L'inutilité de ces efforts excita l'enthousiasme et la risée des assiégés. Mais le général Uchatius, qui commandait l'artillerie impériale, changea de tactique, prit comme point de départ la côte ferme ; malgré l'extrême difficulté de l'opération, il parvint à régler son tir et à placer les chariots qui transportaient les bombes volantes dans une situation en rapport avec le lit du vent. Il parait qu'à force de tâtonnements, il est parvenu à faire éclater une de ces bombes sur la place de Saint-Marc, ce qui aurait profondément découragé les assiégés. On ne peut admettre que la capitulation de Venise soit due à ce succès, car la ville avait dévoré son dernier morceau de pain. Mais, en admettant même qu'il y ait quelque exagération dans ce récit, il est facile de comprendre, d'après cet énoncé, quels résultats terribles obtiendrait l'assiégeant s'il employait des ballons perdus comme porte-bombes dans une ville complètement investie.

Pendant la guerre de Sécession en Amérique du Nord, les Nordistes eurent recours aux ballons captifs qui leur rendirent les plus essentiels services. Il serait trop long de suivre pas à pas toutes les opérations de l'aéronaute Lowe dans sa campagne, mais il est indispensable d'insister sur une circonstance caractéristique. A peine le ballon était-il gonflé, bien entendu avec de l'hydrogène produit par l'action de l'acide sulfurique étendu sur du fer, que l'armée fédérale fut battue près de Manassas. Le bruit s'était répandu à Washington que les Confédérés marchaient sur la ville où régnait une panique indescriptible. Lowe exécute à la hâte une ascension libre qui lui permet de constater que les rebelles ne songent point à tirer parti d'avantages qui les avaient surpris eux-mêmes et qu'ils faisaient leurs préparatifs pour rester sur le terrain qu'ils avaient conquis. Il transmit aussitôt qu'il le put cette observation capitale ; la panique qui s'était emparée de la population et de l'armée cessa aussitôt, les Nordistes reprirent courage et triomphèrent peu après de leurs implacables ennemis. Il est étonnant que ce beau fait d'armes n'ait point été plus souvent cité et imité.

Nous verrons un exemple lamentable des inconvénients de cette doctrine d'après laquelle un aéronaute militaire doit se borner à exécuter des ascensions au bout d'un câble amarré à un chariot-treuil. En 1862, le ballon militaire américain fut envoyé à l'armée du général Mac-Cleland et contribua à la prise de York-Town. Pendant toute la durée des opérations, il servit de cible aux Confédérés, mais il ne put être atteint une seule fois. Il n'en serait peut-être pas de même de nos jours à cause des progrès faits par l'artillerie en quarante-quatre ans. Lowe continua à envoyer les plus précieux renseignements jusqu'aux opérations qui eurent lieu sur les bords du James. River, pendant que la flotte attaquait la place de Charleston.

Malgré les succès constatés par tous les historiens, le départ de Mac-Cleland fut fatale à l'aérostation militaire américaine. Lowe quitta le service et ne fut point remplacé.

Les Autrichiens ne commirent point la même faute lorsque éclata la guerre qui devait se terminer par la dissolution de l'ancien Empire Germanique et la fondation de la Confédération de l'Allemagne du Nord. En prévision du siège de Vienne, ils avaient construit un ballon captif qui devait servir à observer les mouvements de l'armée prussienne. Malheureusement, cet aérostat était entre les mains de soldats qui n'avaient d'aéronautes que le nom. Il suffit d'un coup de vent pour que le ballon fût arraché et disparût. La conclusion de la paix rendit inutile la construction d'un second aérostat.

Malgré ses précédents de 1867 et de 1868, l'armée autrichienne ne fut point une des premières à imiter la création de Chalais-Meudon. En effet, ce n'est qu'en 1890 que le nouveau service militaire fut créé. Il fut organisé, grâce à l'initiative personnelle de M. Victor Silberer, actuellement rédacteur en chef du *Wiener Luftschiffer*, qui fit aux officiers de l'armée impériale le premier cours d'aérostation.

L'établissement militaire de Chalais-Meudon ne fut établi qu'en 1879. On avait nommé, comme nous l'avons rapporté déjà, une Commission d'organisation qui n'eut pas la main heureuse, car le domaine choisi est très accidenté et, par conséquent, très peu propre aux expériences d'aérostation et surtout à celle de direction.

Le colonel Renard qui fut attaché au nouvel établissement au début de sa carrière, s'est fait un nom par des expériences de direction dont nous avons apprécié les résultats, et par la création d'un matériel locomobile. Cet officier a très habilement tiré des expériences de Henry Giffard. Le treuil de l'illustre inventeur, l'injecteur a été rendu transportable à l'aide d'un guide automatique très ingénieux. Sa poulie universelle a été soigneusement conservée. Le dégagement continu de gaz, dont l'idée remontait aux premières époques de l'aérostation, a été également placé sur roues.

Les perfectionnements réalisés à Chalais-Meudon ont été imités successivement à Saint-Pétersbourg et à Berlin, ainsi qu'à Munich et, plus tard, dans d'autres pays ; mais c'est en

Angleterre qu'ils l'ont été de la façon la plus intelligente et que l'on y a introduit le plus grand nombre de remarquables innovations.

Le Gouvernement britannique fut le plus empressé de tous à profiter des enseignements de l'Année terrible. Dès 1871, je voyais arriver chez moi le colonel Chesnay, auteur du célèbre pamphlet intitulé *La Bataille de Dorking*, pour m'interviewer à propos des ballons du siège. Absolument convaincu que l'alliance anglo-

Le parc de Chalais-Meudon.

française est le salut de la civilisation et du progrès moderne, je mis ce vaillant officier au courant des remarques que j'avais faites. Ces notes servirent sans doute au colonel Beaumont qui commença à Woolwich des opérations aéronautiques qui furent continuées sans interruption et ne furent pas sans influence sur le progrès de l'aérostation en France.

Ce n'est qu'en 1879 qu'un détachement d'aérostatiers militaires fut organisé à Chatam, et que cette branche nouvelle eut une existence officielle.

Les opérations aérostatiques étaient dirigées par le capitaine Templer, qui n'appartenait point à l'armée régulière, puisqu'il s'était engagé simplement dans un régiment de volontaires. Mais, cet officier qui commande aujourd'hui la Station d'Aldershot, arsenal central de l'aéronautique anglaise, était animé d'un zèle infatigable pour le progrès du bel art auquel il s'est attaché.

Le premier acte du ministère Gladstone fut de suivre un conseil que j'avais donné au Gouvernement français dans un rapport adressé au général de Cissey.

Je proposais de commencer par former de vrais aéronautes en faisant exécuter des ascensions libres avec des ballons ordinaires gonflés au gaz d'éclairage et de s'occuper ensuite des ascensions captives au gaz hydrogène. Que de tâtonnements inutiles ont été ainsi épargnés de l'autre côté du détroit !

En donnant ce conseil salutaire, je ne faisais que suivre les instructions que Henry Giffard m'avait laissées et qu'il aurait formulées si on l'avait officiellement consulté.

C'est au colonel Templer que l'on doit l'introduction dans le service, d'un progrès de la plus haute importance. Il eut l'idée d'employer des tubes d'acier, à renfermer de l'hydrogène comprimé à une pression de plus de cent atmosphères. Cette innovation merveilleuse qui dispensait de préparer le gaz en campagne fut faite avec le concours d'une maison de Birmingham.

Les officiers du génie sous les ordres de qui se trouvait cet homme si méritant voulurent le faire passer pour un traître ayant vendu les secrets de l'aérostation militaire. Le capitaine Templer fut arrêté. On lui fit son procès ; son innocence fut proclamée et il sortit de prison, puis devint colonel avec un brevet dans l'armée régulière.

On doit encore à ce savant officier d'autres progrès considérables. Il découvrit un moyen de rendre la baudruche incorruptible, de sorte qu'on emploie cette substance extra-légère dans la construction des ballons de l'armée anglaise.

Grâce à l'emploi de cette membrane si précieuse, le volume d'un ballon normal d'Aldershot est réduit à 168 mètres cubes. Le physicien est seul dans la nacelle, mais il n'a pas besoin d'assistant pour écrire ses observations, parce que le câble étant en acier, il est facile à la vigie aérienne d'expédier les avis au quartier général avec lequel il demeure en communication non interrompue.

Cette disposition simple n'est point sans offrir de graves inconvénients en temps d'orage. En effet, Jupiter peut alors intervenir et se mêler à la conversation, peut-être un peu vivement.

Les aéronautes militaires d'Angleterre ont eu depuis lors l'occasion de figurer sur les champs de bataille le plus éloignés des centres civilisés ; ils reçurent le baptème du feu en 1882 dans la campagne d'Égypte contre Arabi-Pacha. Il est assez curieux de constater qu'ils débutaient dans le pays même où les conséquences de la bataille d'Aboukir avaient interdit aux aéronautes français de se montrer à la fin du xviiⁱ siècle.

En 1885, ils revinrent encore en Afrique ; cette fois, c'était dans la guerre contre les Béchuanas, nègres très guerriers, mais encore plus superstitieux. L'apparition des ballons les plongea dans le découragement le plus profond.

En 1899, les ballons anglais retournèrent une nouvelle fois dans le continent noir, mais, hélas, c'était contre un peuple de race blanche ; ce fut pour figurer dans la guerre contre les Boers.

Le ballon captif de Ladysmith sauva peut-être la domination anglaise en permettant à la garnison assiégée de rester en communication avec les armées de secours. Il en fut de même, quoiqu'à un moindre degré, du ballon de Mafeking. Une ascension exécutée auprès de Magersfontain apprit à Lord Roberts l'existence d'une embuscade dans laquelle son armée allait tomber, ce qui l'exposait à être taillée en pièces. Une autre ascension exécutée à Parderberg fit connaître la position qu'occupait le général boer Kronje ; les British purent ainsi l'envelopper et l'obliger à capituler. Ce succès mettait virtuellement fin à la guerre.

Quoique croyant fermement à la direction des ballons et figurant au nombre des disciples de Henry Giffard, le colonel Templer ne s'empressa pas de se consacrer à la construction d'un dirigeable. Il se borna à conseiller au War Office d'accepter les propositions des inventeurs et d'acheter à l'avance pour un prix convenu et rémunérateur leurs engins, s'ils remplissaient les conditions exigées de solidité de stabilité et de vitesse.

Aucun de ces enthousiastes n'ayant réussi à tenir ses promesses, le Gouvernement britannique a tiré profit de leurs efforts sans bourse délier.

Maintenant que les principes essentiels pour la construction d'un auto-ballon sont connus et expérimentés, le colonel Templer s'est mis à l'œuvre.

L'on ne doit guère aux aéronautes militaires d'Allemagne que l'emploi des ballons cerfs-volants qui tiennent fort bien en l'air. Mais sont-ils supérieurs aux ballons sphériques anglais dans lesquels le poids est réduit au minimum, et dont le câble de retenue est fixé à la nacelle par un simple nœud de cordages ? Il est permis d'en douter jusqu'à l'exécution d'expériences comparatives.

Ces ballons cerfs-volants d'Allemagne sont de forme allongée ; ils portent une poche dans laquelle s'engouffre le vent, de manière que le globe est toujours gonflé automatiquement. Mais cet effet ne peut-il être obtenu plus simplement d'une autre manière ?

A une époque encore plus récente, l'Aéronautique militaire russe vient de nous donner un exemple lamentable de l'impossibilité d'employer utilement les ballons captifs, si l'on fait la guerre dans des pays par trop sauvages. Le Gouvernement de Saint-Pétersbourg savait que la Sibérie orientale est une contrée où les transports par charrettes sont à peu près impossible. Comme un train de ballon militaire se composait de 22 wagons, on avait fait des dépenses considérables pour le réduire de moitié, en remplaçant l'acide sulfurique par une lessive de soude et le fer par de l'aluminium. Malgré cette précaution, jamais ce train militaire ne put arriver en temps utile pour que l'ascension servît à éclairer un champ de bataille. Évidemment, le Ministère russe aurait obtenu des résultats bien supérieurs en faisant acheter en Angleterre ou en France quelques voitures-tubes.

Au mois d'août 1904, de grandes expériences avaient eu lieu au Congrès de Saint-Pétersbourg sur ce nouveau procédé, mais ce n'est qu'en campagne que l'on peut juger la valeur des engins militaires.

Mais nous ne pouvons nous empêcher de citer à ce propos l'idée émise par quelques inventeurs ; c'est de faire servir les cerfs-volants à emporter dans les airs des officiers chargés d'observer les mouvements de l'ennemi. Des expériences ont même été tentées et l'on a, en effet, enlevé plusieurs fois des hommes à une hauteur de quelques dizaines de mètres.

Ne serait-il pas plus commode d'avoir recours à des montgolfières perdues qui procureraient le séjour en l'air pendant un quart d'heure ?

On a proposé aussi des échelles verticales, sortant d'un chariot mécanique dont le principe est facile à concevoir, mais nous ne pouvons examiner ce procédé qui n'a rien d'aéronautique.

Au corps des aérostiers militaires de l'armée allemande, appartient le major Mœdebeck, auteur du *Taschenbuch de l'Aéronaute* et d'une *Histoire de la Navigation aérienne*, dans laquelle il étudie les moyens de détruire les dirigeables à l'aide de batteries spéciales.

Le but de cet ouvrage, écrit avec verve et orné de belles planches, paraît être de rassurer le peuple allemand sur le résultat des performances du *Lebaudy* en temps de guerre, mais, en dépit de l'algèbre du major Mœdebeck, nous croyons que le boulet qui frappera un dirigeable en plein vol n'est point encore fondu.

En outre, les ascensions nocturnes, qui ont été si funestes à la Poste aérienne de Paris, viennent donner au pilote un élément de succès dont le major Mœdebeck aurait pu faire mention dans son remarquable ouvrage.

Quoi qu'il en soit, nous devons reconnaître qu'en utilisant le *Lebaudy* et en donnant des ordres pour en construire deux autres, le Ministre de la Guerre a augmenté dans une proportion inattendue le cercle des opérations de l'aéronautique militaire. En même temps, le problème de la direction aérienne, qui ne préoccupait que les spécialistes et les chercheurs, s'est élevé au rang d'une question d'intérêt général.

Les tentatives d'explorations polaires de MM. Jean Charcot et Walter Wellman ont complété ce mouvement remarquable.

CHAPITRE XVI

LA PHOTOGRAPHIE AÉRONAUTIQUE

Les applications de la photographie à l'aéronautique sont très nombreuses, et nous allons tâcher de représenter très rapidement un tableau des principales en commençant par la plus simple et la plus répandue. C'est l'emploi de la chambre noire et des plaques sensibilisées pour les différentes opérations exécutées lors du lancement des ballons. On est arrivé à produire des images très remarquables dont il n'est personne qui n'ait vu de spécimens. Dans ces derniers temps on a même exécuté des vues successives très instructives car elles représentent toute la série des opérations que nécessite le départ d'un ballon. On peut se rendre ainsi un compte exact du mérite des méthodes de gonflement, qui toutes sont difficiles à exécuter lorsque l'air est troublé. On voit ainsi combien il est utile de prendre la précaution de construire un hangar d'où l'on tire le ballon tout gonflé, ce qui en cas de mauvais temps permet de partir entre deux raffales.

Une autre application est celle de la téléphotographie pour déterminer la situation d'un ballon en cours de route à un moment précis.

Cette spécialité, qui est en quelque sorte une branche de la photographie astronomique, n'a pas pris un développement comparable à celui de cette dernière. Cette infériorité tient à ce que les savants placent une trop grande confiance dans la formule permettant de mesurer la hauteur du ballon à l'aide de la valeur de la pression barométrique. Cette illusion persistant malgré les sages avis de Laplace, l'illustre inventeur de la méthode, et de François Arago, son non moins illustre propagateur, a été un grand obstacle au développement de la physique aérienne. En effet dans les premières ascensions, les ballons partant du Champ-de-Mars, de Bagatelle, ou de Versailles était observés, avec des télescopes comme nous l'avons rapporté, par des astronomes du plus haut mérite postés à l'école militaire ou dans d'autres stations et leurs indications servaient à calculer par la trigonométrie, l'altitude des divers points de la trajectoire de l'aérostat.

Cette excellente pratique a presque complètement disparu ; c'est exceptionnellement que M. Hermite à Paris et M. Teisserenc de Bort l'ont employée à la détermination des hauteurs atteintes lors du lancer de quelques ballons sondes.

Cependant rien ne serait plus facile que de s'en servir sur une grande échelle, en joignant la téléphotographie aux mesures directes d'angles et en plaçant les instruments sur la dernière plate-forme de la tour Eiffel. Nous avons eu le plaisir de constater avec M. Paul Bordé le 30 août 1905 que les clichés du soleil se prenaient avec une facilité merveilleuse quand la tour n'est point agitée par le vent, et qu'il en serait de même d'un ballon qui traverserait le ciel. L'horizon embrassé de cette hauteur est d'une si vaste étendue que dans une fête donnée par M. Eiffel en 1890 nous avons pu suivre une ascension de MM. Jovis et Mallet jusqu'à Château-Thierry, dont la distance est de plus de 100 kilomètres. Si la lampe électrique de ce ballon avait eu la puissance d'un million de bougies comme le phare emporté par le *Lebaudy* dans une de ses ascensions de 1905, nul doute que ce point lumineux n'ait pu être photographié à cet immense éloignement.

Du reste en employant des dirigeables, il est facile de les faire évoluer aussi longtemps qu'on le voudra, en présence de ce monument unique et de les téléphotographier à toutes les altitudes qu'ils peuvent prendre. Bien entendu leur éloignement de la surface de la terre, n'atteindra jamais celui des bal-

Concours de Vincennes.

lons sphériques, mais le *Lebaudy* s'étant élevé en 1905 à l'altitude de 1370 mètres au-dessus du niveau de la mer, on voit qu'on peut arriver à des hauteurs suffisantes pour recueillir les données les plus intéressantes. Car c'est dans la couche inférieure de l'air, que se produisent les variations météorologiques les plus brusques et les plus importantes. En outre le ballon dirigeable ayant une vitesse propre qui, dans l'état actuel de la mécanique, atteint déjà une valeur de 40 kilomètres à l'heure, la translation du ballon peut exercer une certaine influence sur la valeur de la pression barométrique. La détermination exacté de cette perturbation spéciale donnera un moyen certain de pénétrer les causes des phénomènes analogues produits par le mouvement des couches d'air sur la hauteur de la colonne mercurielle observée à la surface de la terre dans les laboratoires de physique.

Mais sans entrer dans des détails qui nous entraîneraient trop loin et que nous abandonnerons avec regret, hâtons-nous de consacrer l'espace restreint dont nous disposons, à parler d'applications dans lesquelles le ballon au lieu de jouer un rôle purement passif, entre en quelque sorte en ligne de bataille.

Ces applications sont de deux genres tout à fait distincts, suivant que le ballon est retenu captif ou qu'il plane dans la libre atmosphère.

Dans le premier cas, il s'est élevé dans ces derniers temps un rival dangereux : c'est le cerf-volant météorologique auquel on a fait subir des transformations innombrables et qui est arrivé à posséder une stabilité véritablement surprenante.

Des expériences hardies ont même obtenu un certain succès, c'est ainsi que l'on a vu pour la première fois avant les exploits réalisés en octobre 1906 par M. Santos-Dumont, un mortel s'élever au-dessus de la surface de la terre sans avoir recours à un ballon ou à une montgolfière.

Mais ces ascensions en cerf-volant sont si précaires, si dangereuses, que le seul emploi scientifique de ces jouets d'enfants semble être, outre l'enlèvement d'enregistreurs, la prise de clichés photographiques, mais par compensation cette application spéciale paraît destinée à devenir excessivement sérieuse.

Le prince Albert de Monaco, et le président de l'Association internationale d'aéronautique scientifique, M. Hergesell, ont fait le plus brillant usage de ce procédé dans les croisières de la princesse Alice. Bien entendu les renseignements ainsi recueillis ont été complétés par un grand nombre de photographies de nuages ; car les différentes branches de l'art si français de Niepce et Daguerre se prêtent un mutuel appui pour jouer un rôle éclatant dans la conquête du ciel.

M. Boulade, lauréat du concours de photographie aéronautique institué en 1906 au Grand Palais, par l'Aéro-Club, a présenté un projet de photographies en cerfs-volants dans le but de faciliter d'une façon remarquable la construction des cartes géographiques. Le plan que le directeur de l'*Aéro-Revue* est en train d'exécuter en ce moment a été primitivement conçu par le colonel Laussedat, membre de l'Institut, dont la science déplore la perte récente. Ce savant qui était depuis longtemps attaché au Conservatoire des Arts et Métiers, comme professeur de Géométrie, consacra depuis lors son enseignement à cette branche de la photographie, et depuis qu'il fut nommé directeur de notre Sorbonne populaire, son zèle pour l'art qu'il a en quelque sorte créé ne s'est pas ralenti un seul instant. Les progrès qui s'accomplissent chaque jour, et dont M. Boulade nous a offert de magnifiques spécimens, assureront au colonel, une gloire durable.

La méthode qui consiste à combiner scientifiquement plusieurs vues du même terrain pris dans des stations voisines et dont la situation géographique peut être rigoureusement définie, recevra elle-même un développement prodigieux quand les appareils seront emportés à bord de ballons dirigeables, comme l'ont fait à plusieurs reprises M. le commandant Bouttieaux et le capitaine Voyer à bord du *Lebaudy*, lorsque dans la campagne de 1905, ils ont pris à Toul des clichés téléphotographiques.

M. Boulade, l'habile artiste lyonnais a rendu un immense service à l'armée des amateurs du beau et du vrai. Il les a mis à même de contempler le sol qui les a vu naître comme les gracieux habitants des airs étaient seuls admis à le faire avant la sublime invention de Montgolfier et de Charles.

Ajoutons que ceux qui sont possesseurs de ces chefs-d'œuvre peuvent être pénétrés d'une admiration plus grande encore que celle qui saisit l'aéronaute lorsqu'il voit dérouler sous ses pieds tant de paysages admirables.

L'ami des splendeurs de la nature qui tient ces clichés entre les mains, peut en étudier les détails même à la loupe. Aucune beauté ne lui échappe, et sa pensée se retourne avec reconnaissance vers l'éminent aéronaute qui lui procure d'aussi nobles émotions.

Figurons-nous un proscrit auquel on représenterait ainsi la terre natale, la maison qui l'a vu naître et le tombeau de ses parents, il fondrait en larmes et se sentirait consolé.

Le peintre le mieux doué, connaissant toutes les ressources de son art, ne pourrait lutter de finesse avec ces tableaux si fidèles dans lesquels l'œil ravi aperçoit les villages, les bois, les routes, les rivières sur lesquelles a plané l'aérostat obéissant aux caprices d'Éole.

Les paysages que nous mettons sous les yeux du lecteur, faisaient partie de l'exposition de M. Boulade, au Grand Palais en décembre 1906. Ils ont été pris à différentes altitudes variant entre 300 et 750 mètres; ces distances sont déjà importantes, mais le lecteur se convaincra que rien n'échappe à l'objectif.

Non seulement il a reproduit les différences de culture, les diverses orientations des sillons, l'état de la végétation, mais il montre encore à l'œil nu les habitants sur les routes et dans les champs.

Il est évident que la reproduction photographique d'une contrée envahie par l'ennemi, permettrait aux défenseurs,

mieux que la meilleure carte d'état-major, de se rendre compte
des endroits où il faut se poster pour agir le plus efficacement
possible.

Mieux que tous les raisonnements, les vues que nous
reproduisons, montrent avec quelle sûreté l'état-major serait
informé de la marche des envahisseurs, lorsqu'un dirigeable

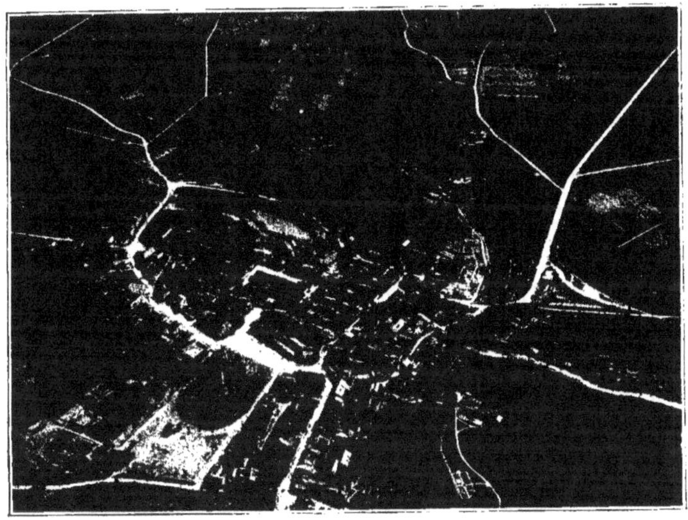

A bord du ballon *Arago*.
Châtillon-sur-Chalaronne (Ain) (750 m. altitude).

prendra instantanément des clichés analogues et les rappor-
tera avec la rapidité d'un pigeon voyageur.

Mais avant de suivre ce genre d'applications, il n'est pas
inutile de rappeler les modestes débuts de la photographie
aérienne à laquelle probablement personne n'avait pensé avant
que Nadar eût commencé ses expériences du Géant. A
cette époque, le temps de pose nécessaire était si long qu'il
paraissait utopique de songer à cueillir des clichés en cours

de route. C'est dans un ballon captif que Nadar fit sa première tentative il y a près d'un demi-siècle. L'objet qui eut ainsi l'honneur d'être le premier reproduit, fut le toit d'une gendarmerie située au petit Bicêtre. Cette épreuve, qui a une valeur historique incontestable a figuré avec succès dans un grand nombre d'expositions successives, mais elle n'a d'autre intérêt que son ancienneté relative.

La seconde application de la photographie en ballon captif fut faite à Paris en 1868 par l'illustre Dagron, dont nous avons raconté les hauts faits photographiques dans la partie de notre ouvrage où nous traitons du siège de Paris.

Ces performances ont été exécutées à bord du premier ballon captif de Giffard installé dans l'hippodrome établi par Arnaud en dehors de l'ancien mur de l'octroi dans le quartier de l'Arc de Triomphe. Les vues obtenues étaient véritablement admirables, et nous avons été plusieurs fois témoin de la manière dont Dagron, qui suivait assidûment toutes les ascensions, s'y prenait pour obtenir un succès aussi remarqué : Il attendait avec patience que le vent tombât complètement, alors il braquait son objectif sur le point qu'il voulait reproduire. C'est ainsi qu'il a laissé une série de documents inestimables sur l'état de cette partie de Paris, qui depuis lors a subi tant de changements de toute nature.

Un jour, vers cette époque, nous avons eu l'idée de tenter une ascension photographique. Un de nos buts était de reproduire les scènes de la descente, ce que nous engageons nos successeurs à faire. L'opération est des plus simples à l'aide des kodaks que l'on possède actuellement et l'atterrissage d'un ballon donne toujours lieu à des scènes très curieuses. Mais notre tentative est loin d'avoir été couronnée de succès, elle est de nature à donner une idée de la perversité brutale de certains aéronautes de profession.

Nous nous étions entendu avec un spécialiste qui avait pris place dans la nacelle d'un ballon mis généreusement à notre disposition par Henry Giffard.

Au moment de crier le làchez-tout, notre aéronaute nous fait remarquer que le ballon ne se soulève pas et que par conséquent il faut que nous descendions, où que nous fassions descendre notre artiste avec son bagage. C'est ce parti que nous prenons à regret. Mais à peine sommes-nous en l'air que nous constatons que notre pilote a muni la nacelle d'une énorme ancre supplémentaire, tandis que l'organe d'arrêt ordinaire était parfaitement suffisant. Rien n'égala notre colère et nous fîmes au praticien qui nous avait ainsi trompé les plus sanglants reproches. Peu s'en fallût qu'il n'éclatât un pugilat dans les airs, conflit dont nous aurions peut-être été victime, car l'aéronaute était un gymnaste consommé et un acrobate de premier ordre.

Pour se venger de mes injures, l'aéronaute me fit descendre dans un arbre où je restai perché, la nacelle s'étant engagée dans les branches. Lui fila le long du guide-rope et me laissa attendre que les paysans vinssent me délivrer, ce qui ne tarda pas heureusement.

C'est à la suite de cet incident burlesque, que je demandai à Giffard de me faire construire un ballon dont je serais le capitaine ; c'est ce qu'il fit de grand cœur.

La téléphotographie en ballon offrira certainement des avantages immenses, lorsque l'on pourra, comme on l'a déjà fait à bord du *Lebaudy*, pour des reconnaissances militaires, l'employer dans des explorations scientifiques exécutées même dans les régions les mieux connues; on pourra photographier à loisir les points saillants dont la configuration géographique offre d'insurmontables difficultés. Alors les aéronautes, ne se borneront point, comme M. Usuelli vient d'avoir l'honneur de le faire, à traverser le massif alpestre, mais ils le parcourront à plusieurs reprises dans les directions les plus favorables à l'exactitude de sa représentation graphique.

Les avantages de cette méthode seront bien plus évidents encore lorsque l'appareil téléphotographique sera placé à bord d'un dirigeable explorant les régions polaires, comme M. Wellman se propose de le faire.

Dans son prochain voyage, l'ingénieux Américain a l'intention, paraît-il, d'employer un guide-rope pesant, restant constamment en contact avec le sol.

Dans certains cas, cette disposition peut offrir quelques inconvénients, mais elle jouira certainement de l'avantage de permettre de prendre des clichés dans un climat généralement brumeux et où la terre disparaîtrait fréquemment sous des nuages de basse altitude, si on se contentait de l'observer dans la libre atmosphère.

La réussite de ces clichés polaires est de la plus haute importance, car elle suffit pour justifier ces expéditions aventureuses des critiques que des esprits étroits ne manquent pas de leur prodiguer. Grâce à ces coups de sonde hardis, les documents rapportés par le dirigeable, véritable avant-garde de l'armée civilisatrice, serviront à guider les corps de troupe qui la suivront d'une façon plus lente, mais plus méthodique et définitive.

Pour réussir dans son projet, M. Wellman a un appareil admirable, c'est celui qui a été imaginé par M. Gaumont, l'habile Directeur du Comptoir photographique, à la requête de M. Cailletet, membre de l'Académie des sciences et président de l'Aéro-Club. Le système a fait ses preuves d'une façon complète, car c'est lui qui a été employé dans les reconnaissances du *Lebaudy* dont nous avons déjà dit quelques mots.

L'appareil se compose d'un mouvement d'horlogerie,

mettant en rotation un cylindre sur lequel s'enroule périodiquement une longueur déterminée d'une pellicule sensibilisée. Ce ruban passe entre deux appareils photographiques situés dans la même verticale et placés naturellement l'un au-dessous de l'autre.

Celui qui est à la partie inférieure prend une vue du sol,

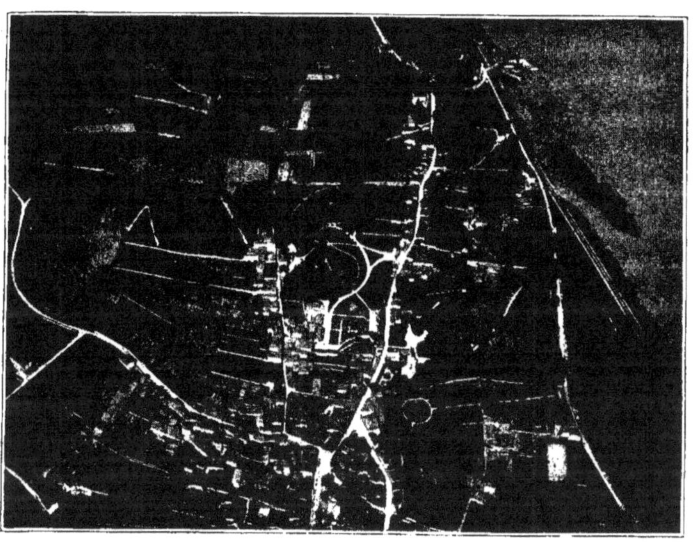

Vue de Grigny (Rhône) prise à bord du *An-Nam*. 820 mètres d'altitude.

et l'autre reçoit en même temps l'image de tous les instruments scientifiques employés aux observations. On y voit marqué le baromètre, l'hygromètre, le manomètre donnant la pression intérieure du gaz du ballon ou sa température, enfin, une montre complète l'ensemble de cette installation, grâce à laquelle l'aéronaute a sous les yeux après le développement des épreuves. la figuration du sol et toutes les données numériques permettant d'évaluer les divers éléments météorologiques et notamment l'altitude. Cette dernière donnée permet la vérification immédiate de la loi des hauteurs barométriques.

Si l'on possède une carte suffisamment précise du sol au-dessus duquel on plane, on reconnaît de proche en proche les points au-dessus du zénith desquels on se trouvait successivement lors des différentes prises des clichés. Comme ces derniers sont obtenus à intervalles réguliers à l'aide d'un mouvement d'horlogerie, on peut les rendre aussi fréquents qu'on le désire. Rien n'empêche donc d'apporter une extrême précision à la détermination des mouvements du navire aérien, soit qu'on actionne les propulseurs, soit qu'on l'abandonne à l'action du vent. La même exactitude peut être apportée à la détermination des mouvements verticaux obtenus soit à l'aide du sac de lest et de la soupape, soit au moyen d'une hélice propulsive à axe vertical ; l'espace nous manque pour développer la féconde idée que M. Gaumont a réalisée d'une façon si brillante.

Ajoutons par surcroît que dès les premiers essais exécutés à l'aide de la carte d'état-major qui est pourtant un monument glorieux de la perfection de la topographie française, M. Gaumont a pu signaler des imperfections importantes. Que serait-ce si l'ascension avait lieu dans un pays sauvage et inexploré, si l'on s'en servait non pas pour pénétrer dans les régions inaccessibles du globe, mais patriotiquement pour dresser la carte des immenses possessions coloniales que depuis le 4 septembre 1870, le Gouvernement républicain a eu la gloire d'ajouter au domaine national de la France.

Au nombre des expériences auxquelles a donné lieu la photographie à l'aide de ballons captifs, nous devons citer celle qui a été exécutée il y a une vingtaine d'années à la place Arago, en face l'Observatoire.

M. Triboulet, alors secrétaire général de la Société française de navigation aérienne, avait imaginé d'emporter dans les airs un appareil de photographie panoramique. Deux fils électriques étaient noyés dans le câble de retenue et conduisaient le courant sur autant d'électro-aimants qu'il y avait de chambres particulières dans l'appareil, il en résultait que toutes les plaques sensibilisées se trouvaient démasquées simultanément et que l'on recueillait en une fraction de seconde, l'ensemble de l'horizon visible à l'altitude à laquelle on avait permis au ballon de s'élever.

Cette ingénieuse invention à valu a son auteur de nombreuses félicitations. Si son usage ne s'est point généralisé, c'est que rarement l'on éprouve le besoin de posséder une image d'une partie étendue du sol dont la perfection et surtout la netteté va en diminuant à mesure que l'on s'éloigne du centre sur lequel est braqué l'axe de l'objectif.

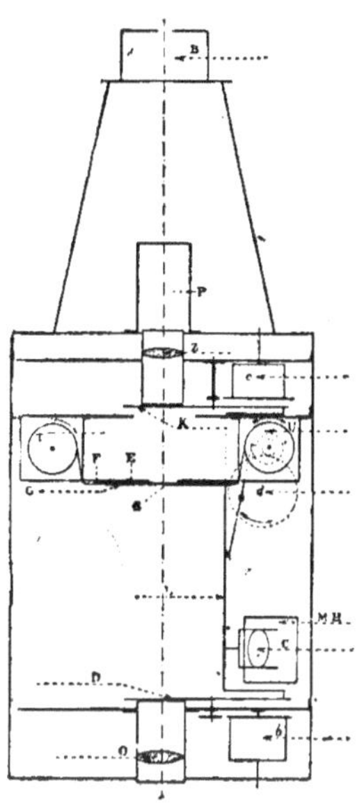

Schéma de l'appareil photographique Gaumont.

N'y aurait-il pas cependant un intérêt scientifique de premier ordre à comparer ces clichés avec ceux que MM. Loevy et Puiseux sont parvenus à obtenir de la surface lunaire avec le grand télescope coudé de l'observatoire de Paris. Ne semble-t-il pas, qu'en constatant les déformations produites par l'obliquité sur des objets connus situés à la surface de la terre, on en pourrait déduire rationnellement la théorie des modifications apportées par le même élément sur la représentation des objets lunaires.

Une autre branche de la photographie aéronautique sera susceptible dans l'avenir d'acquérir une réelle importance, c'est son emploi à l'astronomie. Ce résultat sera surtout obtenu facilement à l'aide de ballons dirigeables, ou au moins d'aérostats dans lesquels le mouvement de rotation sera supprimé.

Cependant, lors de l'éclipse du 30 août 1905, des tentatives remarquables ont déjà eu lieu, à Burgos, où elles ont été dirigées par le colonel Vives-y-Vitch, et à Constantine, où des observations ont été faites par M. Joseph Jaubert, directeur des services météorologiques de la ville de Paris, à bord du ballon le *Centaure,* conduit par le comte de La Vaulx.

C'est dans cette station africaine que les résultats ont été les plus importants. Les hardis aéronautes ont rapporté un cliché du soleil éclipsé, obtenu à l'aide d'une lunette téléphotographique que M. Gaumont avait mis gracieusement à la disposition de l'expédition.

La visée avait réussi, grâce à une disposition fort simple, mais très ingénieuse. La lunette a été attachée au cercle à l'aide d'une corde que M. Jaubert tenait à la main et qui en facilitait singulièrement la manœuvre. De plus on avait disposé, le long du bord supérieur du tube, un chercheur armé d'un verre noirci permettant de conserver l'axe optique dans la direction du soleil, en dépit des rotations du ballon. Malheureusement, comme il est arrivé dans les photographies solaires prises à terre, on a obtenu des images multiples, empiétant les unes sur les autres, de manière qu'il est devenu difficile de se faire une idée précise du nombre et de la forme des protubérances ; on ne peut comparer scientifiquement cette épreuve à celles qui ont été recueillies à terre au même instant physique.

Il fut donc impossible d'obtenir le résultat cherché qui

est de la plus haute importance, car il consiste à déterminer rigoureusement la part revenant aux nuages suspendus dans l'atmosphère dans les apparences singulières qui compliquent la figure de l'astre. L'origine, ainsi que la nature de ces protubérances solaires, est un des problèmes dont les astronomes cherchent à pénétrer le mystère en transportant leurs instruments dans les points de notre planète, quelqu'éloignés que puissent être ces lieux des centres de la civilisation, lorsqu'ils sont favorisés par la présence d'une éclipse totale de soleil.

Il est clair que des opérations délicates devant être exécutées à bord d'un aérostat en cours de route, pendant la durée d'un phénomène visible au plus pendant six ou sept minutes, demandent une pratique spéciale. C'est ce que le colonel Vives-y-Vitch a parfaitement compris, dans le magnifique travail qu'il a publié sur le résultat des observations de Burgos, dans lesquelles trois aérostats ont été lancés. Ce savant officier espagnol exprime l'intention de s'exercer à l'étude de la photographie du soleil, pris en aérostat, dans les jours ordinaires, de manière à être prêt à remporter une belle et décisive victoire scientifique, lorsqu'il se produira une éclipse.

Du reste, les photographies solaires prises en temps ordinaire, à bord d'un aérostat sont loin d'être dépourvues d'intérêt puisqu'elles donneront le nombre et la figure des taches dont les météorologistes se préoccupent de plus en plus, et qui paraissent exercer une influence si décisive sur l'intensité de la chaleur rayonnée par l'astre qui nous éclaire. Ce dernier élément peut être étudié par surcroît, à bord d'un aérostat photographique à l'aide de l'actinomètre que François Arago a donné à la physique et dont il a recommandé l'emploi aéronautique dans les instructions qu'il a rédigées à son lit de mort. Elles ont été recueillies précieusement par Barral dans l'édition de ses œuvres complètes que notre ancien maître a publiées d'après le désir formel de l'illustre secrétaire perpétuel de l'Académie des Sciences.

Le colonel Vives-y-Vitch a eu la satisfaction d'enregistrer le succès des observations actinométriques exécutées à bord de son aérostat le *Jupiter*, par M. Arthur Berson, le célèbre physicien aéronaute d'Allemagne, qui s'est immortalisé par plusieurs ascensions exécutées à l'aide des inhalations de gaz oxygène et dans lesquelles s'élevant à plus de 10000 mètres il a obtenu le record des altitudes.

Dans sa session d'octobre 1906, le Congrès d'aérostation scientifique, réuni à l'exposition de Milan, a voté à l'unanimité des félicitations au colonel espagnol et au ministre qui lui avait fourni les fonds nécessaires à son expédition mémorable. Nul doute que ces applaudissements, auxquels se sont associés les aéronautes du monde entier, ne soient entendus par les membres du Congrès des Études solaires dont la première réunion a eu lieu au mois de mai 1907, à l'Observatoire de Meudon.

CHAPITRE XVII

L'AÉROSTATION AUX EXPOSITIONS UNIVERSELLES

Quoique la première Exposition universelle ait eu lieu à Londres en 1850, c'est seulement à la grande manifestation industrielle de Paris qui se tint au Champ-de-Mars en 1867, que l'on vit apparaître pour la première fois un ballon captif.

D'ailleurs, ce ne fut pas sans peine que le célèbre ingénieur Giffard parvint à exposer le premier captif à vapeur qui ait été construit. Encore dut-il se contenter d'un emplacement dans le voisinage du bâtiment principal, à la suite de l'époque tardive à laquelle il fut prêt; aussi malgré le succès énorme qu'il remporta auprès du public, il fut oublié lors de la distribution des récompenses.

Mais lors de l'Exposition de 1878, Henry Giffard prit toutes ses mesures pour que l'inauguration des ascensions coïncidât avec celle du grand concours industriel.

Il loua aux Domaines pour la somme de 100 000 francs la cour du Carrousel où se trouvaient les ruines du Palais des Rois, brûlé en 1871. Ces vestiges fort pittoresques ont disparu et ont été remplacés par des parterres de fleurs.

Dans ce vaste emplacement il installa le ballon d'une capacité de 24 000 mètres cubes qu'il avait inutilement proposé au Gouvernement un peu avant la guerre de 1870.

Voulant montrer que sa grande entreprise était combinée dans l'intérêt de la science aérostatique et qu'il ne se plaçait pas uniquement dans un but de lucre, il offrit gracieusement au Comité de l'Exposition de considérer sa merveilleuse attraction, comme faisant partie de l'Exposition même, et par conséquent d'admettre dans son enceinte les porteurs des tickets

A l'Exposition de Vincennes en 1900. (Départ de MM. Balzan et L. Godard.)

d'entrée. A son intense stupéfaction, cette offre généreuse fut repoussée sans motifs sérieux.

Cette exclusion systématique fut loin de nuire au succès du grand captif à vapeur, on fit des recettes qui approchèrent d'un million ; toutes les notabilités de Paris crurent de leur devoir de participer à ces ascensions captives dont le prix était de 20 francs.

Parmi les ascensions libres très fréquentes qui accompagnaient ces manœuvres aériennes, nous nous bornerons à citer le voyage devenu historique de notre grande tragédienne Sarah Bernhardt, dont elle tira une brochure du plus haut intérêt connue sous le nom de *Mémoire d'une Chaise*.

Cette fois encore, Henry Giffard ne fut compris ni dans les

Les concours de Vincennes en 1900. Juchmès au-dessus des nuages.

récompenses du palmarès, ni même dans les promotions de la Légion d'honneur; il demeura simple chevalier comme il l'était avant cette création. Mais si l'Exposition ne voulut pas considérer ce spectacle grandiose comme faisant partie des attractions officielles, on peut affirmer que le monde entier a été frappé d'admiration et regrettera toujours un spectacle qui n'a jamais eu d'analogue dans aucun pays et qui n'en aura peut-être jamais; depuis cet exemple fameux, toutes les Expositions universelles ont tenu à avoir des ballons captifs, mais leurs dimensions ont été vraiment exiguës, comparées à celles de leur aîné de 1878, les millions de Giffard et son génie ayant, hélas, disparu.

L'Exposition de 1889, une des manifestations industrielles la mieux comprise que nous ayons vues, ne fit pas figurer l'aérostation au nombre des *clous* qui devaient attirer sur les bords de la Seine l'élite de la population de la terre.

Cependant dans l'enceinte même du palais de l'Administration de la Guerre, on put examiner tous les détails de la construction du dirigeable la *France*, dont les performances avaient surexcité l'attention pendant les années précédentes. Cette exhibition, comme celle de la section aéronautique civile, n'avait en réalité qu'un intérêt purement rétrospectif.

C'est seulement en 1900 que l'Administration supérieure fit appel officiellement aux concours des aéronautes.

Le Gouvernement eut l'intelligence de nommer une commission d'aéronautique et de colombophilie.

Sous l'inspiration de cette commission, des crédits furent alloués.

On employa la moitié de cet argent à une construction fort utile, celle d'un pavillon de gonflement; mais, par malheur, l'on ne prit point la précaution de s'assurer que ce pavillon serait conservé. A peine l'Exposition fut-elle fermée que de véritables vandales exigèrent sa démolition. L'on perdit ainsi l'occasion d'avoir, dans le parc de Vincennes, l'équivalent de l'élégant aérodrome construit à Vienne aux frais de la municipalité.

L'Aéro-Club de Paris a réparé cette perte en construisant un hangar aux coteaux de Saint-Cloud. Mais cet édifice, indispensable à des ascensions soignées, était loin d'avoir les proportions élégantes de l'aérodrome viennois, et de plus, il

Aéronaute surpris pendant un rallye-ballon, par une pluie torrentielle.

était dans un terrain en pente, au lieu d'être en pays plat, comme l'était le hangar du bois de Vincennes.

On institua une série d'épreuves pratiques, en hauteur, en durée, en distance, en direction, en atterrissage, etc. Toutes étaient dotées de prix importants et de nombreux aéronautes eurent ainsi le moyen de s'illustrer, tout en se perfectionnant dans leur art.

Parmi les lauréats, on remarquait M. Juchmès, actuellement pilote du *Lebaudy* ; Jacques Faure, rival de Blanchard dans la traversée de la Manche ; le comte de La Vaulx, vice-président de l'Aéro-Club qui a établi le record mondial de la distance par son voyage de Paris-Moscou en quarante-quatre heures.

Parmi les performances des concurrents les plus remarquées, nous indiquerons celle de M. Balzan qui obtint le prix d'altitude.

Ce n'est point en 1900 que l'on a songé à un système de course qui est, avec raison, fort à la mode en ce moment, il a été inauguré, il y a deux ou trois ans, sous l'intelligente inspiration de l'Aéro-Club de Belgique.

Un des ballons concurrents est choisi pour représenter le but mobile que poursuivent les autres. Il part un peu avant ceux-ci, et cherche autant que possible à se dérober aux yeux des camarades qui courent après lui, en se tenant le plus possible dans les nuages ; il opère sa descente le plus rapidement qu'il peut dans l'endroit le plus abrité contre les regards qui l'épient, en un mot il suscite toutes les difficultés en son pouvoir à ses poursuivants, les prix étant réservés à ceux qui parviennent au plus près de ce but fuyant.

S'ils étaient systématiquement entrepris en s'aidant des renseignements que recueillent les Observatoires météorologiques pendant le temps des courses, ces exercices sportifs ajouteraient aux qualités pratiques nécessaires à leur bonne exécution une haute valeur intellectuelle et scientifique. Mais, parmi les milliers de bacheliers qui prétendent avoir lu leur Horace, combien y en a-t-il qui aient compris que l'*omne tulit punctum qui miscuit utile dulci* peut se dire aussi bien à bord d'un ballon que sur le pont d'un transatlantique ou au milieu de notre cher et grand Paris ?

L'Exposition de 1900 a donc réalisé un progrès au moins aussi notable que celui qui s'est accompli le jour ou M. Santos-Dumont a doublé la Tour Eiffel aux applaudissements de tous les amis du progrès.

L'Exposition de Milan n'a fait que suivre son exemple en 1906, elle a convié les aéronautes à des tournois qui ont été intéressants, mais qui ont été marqués par des incidents regrettables et même des catastrophes dues surtout à la configuration géographique de l'Italie.

Le 3 juillet 1906, une course de ballons ayant pour but d'établir le record de la distance, devait avoir lieu. Au premier abord, elle ne paraissait pas de nature à exciter un grand intérêt ; en effet, malgré les honorables efforts des organisateurs, deux aérostats se présentaient seuls pour obtenir le prix. Cela rappelait de loin les concours de la célèbre Exposition de Saint-Louis du Missouri, qui avait offert 500 000 francs pour un concours de ballons dirigeables, et ne put obtenir qu'un ballon éclopé, absolument poussif et hors d'état de remplir les conditions du programme. Un aéronaute célèbre était venu avec un dirigeable de construction moins rudimentaire, mais ce ballon avait été brûlé dans des conditions tellement bizarres que certaines personnes accusèrent le concurrent d'avoir, en quelque sorte, assassiné son bucéphale aérien.

L'un des concurrents était le ballon *Fidès II*, qui fut piloté avec talent et qui descendit dans les environs de Florence après avoir fourni une course très honorable pour l'aéronaute et son unique passager.

L'autre était le *Regina Ellena*, ainsi nommé en l'honneur de la princesse Hélène de Monténégro, qui est aujourd'hui assise sur le trône d'Italie et qui, avec la mère du Roi, la sympathique Reine Marguerite, protège les aéronautes et s'intéresse au progrès de l'art aérien.

Le départ des deux concurrents milanais du 3 juin 1901 fut exécuté dans des conditions périlleuses. En effet, le vent était violent et l'on se trouvait dans une période de tempêtes. La brise avait soufflé avec tant de rage que le ballon captif de l'Exposition avait fait explosion.

On partit à dix heures du soir au milieu d'une brillante illumination légitimée par la présence des souverains italiens. Le capitaine du *Regina Ellena* était fils d'un des plus riches banquiers de Milan. Il était plein d'ardeur, et un de ses deux compagnons, le seul qui ait échappé au désastre, fait un tableau magique du coup d'œil qu'offrait l'Exposition lorsque cet aérostat disparut dans un ciel pur à dix heures du soir, la lune l'éclairant de ses rayons. Le ballon traversa bientôt la chaine des Apennins en passant au-dessus du mont Cimone. Comme l'air était transparent ainsi que dans les belles nuits italiennes, les trois aéronautes du *Regina Ellena* reconnurent très bien la ville de Florence et à leur droite ils virent briller les phares indiquant le littoral de la mer Tyrrhénienne ; mais à partir du coucher de la lune, la terre se couvrit et ils furent bientôt séparés du sol par la mer des nuages. Jusqu'à huit heures du matin, bien après le lever du soleil, ils filaient sans savoir dans quelle direction. Tout d'un coup, ils aperçurent à l'horizon une ligne bleue : c'est l'Adriatique. Ils veulent descendre…, mais il est trop tard ; ils se trouvent à quelques kilomètres au large d'Ancône, et le vent les pousse rapidement en pleine mer. Les vigies du port eurent l'intuition du drame qui se préparait et lancèrent un voilier à leur poursuite.

Pour une expédition de cette nature, exécutée par vent Nord, le Comité de l'Exposition a commis une faute grave. Il a laissé partir le ballon sans *cône-ancre* : c'est un excellent agrès qui ne pèse que quelques kilogrammes. C'est un modérateur excellent et qui, lorsqu'il est pourvu d'un ressort en caoutchouc à la Giffard, ne fait éprouver aucune secousse dangereuse. Les aéronautes en perdition imaginent d'immerger la nacelle et de la séparer du ballon. Elle flottera comme une épave à la surface de la mer. Ils s'y cramponneront et ils seront bientôt atteints par le voilier. Mais la terrible leçon de choses, dont ces infortunés furent les victimes, devait s'accomplir par suite d'une circonstance terriblement aggravante.

Le *Regina Ellena* avait été construit à Paris par une des principales maisons qui avait voulu en faire un objet de luxe. Hélas ! la nacelle avait été capitonnée avec soin. Par suite de cette fatale disposition, l'eau entrait à flots et y demeurait. Il n'y avait aucune communication avec l'eau du dehors, comme il arrive quand la nacelle est en osier.

Cramponnés au cercle, les naufragés s'occupaient à couper les cordes qui y fixaient la nacelle. Il n'en restait plus qu'une. Tout d'un coup survient une vague qui couvre les trois naufragés. Leur poids se trouve momentanément supprimé, le ballon se lève de telle façon que la nacelle se vide, le *Regina Ellena* se trouve projeté dans l'atmosphère. Il s'élève à une grande hauteur. Vite, l'un des infortunés saisit la corde de soupape. Il s'y accroche et le ballon descend. La chute s'accélère, il frappe les flots avec violence et, comme il arrive toujours en pareille occurrence, il rebondit avec une telle furie que les trois naufragés lâchent prise.

Heureusement, le choc de l'eau est si violent que la nacelle se détache. Un d'eux, le célèbre explorateur des Andes

M. Usuelli, excellent nageur, s'y installe après une heure d'efforts désespérés. Cette nacelle roule sur la vague d'une façon atroce, mais le dernier survivant se cramponne avec la rage de l'espoir.

A trois heures, il est recueilli par un torpilleur. Il s'évanouit dans les bras des sauveteurs et croit exister dans la gueule d'un monstre qui le dévore.

L'on n'a retrouvé que l'un des deux cadavres de ses compagnons; il était déjà tout déchiqueté par les poissons de proie qui abondent dans ces parages. Quant à l'autre, il a servi à repaître les rapaces de la mer.

C'est dans cette mer Adriatique que l'illustre Zambeccari a été accueilli deux fois, en 1803 et en 1804, avant la fatale expérience qui a inscrit son nom dans le martyrologe de l'aérostation, à côté de celui de Pilâtre! Pourquoi dans une mer close, quand le vent est violent, ne pas se fier à Éole pour traverser de part en part? N'y a-t-il pas un Dieu pour les braves aéronautes qui se lancent hardiment en plein ciel, sans oublier la prudence convenant aux mortels?

Le drame auquel M. Usuelli avait échappé par miracle est loin d'avoir détourné de l'aérostation, cet intrépide voyageur.

En effet nous allons raconter son second et remarquable exploit aérien.

Sa Majesté la Reine douairière a créé un prix spécial en faveur de l'aéronaute qui, partant de Milan, parviendra à traverser la chaîne des Alpes. C'est un voyage des plus difficiles, et, pour se rendre compte de la peine que l'on a eu à conquérir cette récompense, il suffit d'avoir exécuté une ascension dans la haute Italie et contemplé la formidable barrière qui s'élève vers le Nord. Il y a un demi-siècle, l'intrépide Arban, partant de France, est arrivé en Italie après un voyage mémorable raconté peu de temps avant l'expédition qui lui coûta la vie, car partant du Château des Fleurs de Marseille, il fut englouti par la Méditerranée.

Une seule tentative avait eu lieu depuis pour gagner le prix de la Reine Marguerite. L'aéronaute, qui appartenait à l'armée, ne tarda point à être repoussé par un vent contraire. Mais, au lieu de descendre, il continua sa route, de sorte qu'il vint atterrir près de l'endroit dont il était parti.

Le 11 novembre, par un ciel magnifique et un vent favorable, M. Usuelli partait de la capitale de la Lombardie à bord du ballon *Milan*, dans l'intention de conquérir le prix de la traversée des Alpes.

Après un voyage de quatre heures pendant lesquelles il avait parcouru 300 kilomètres, et avait plané à 6 800 mètres, c'est-à-dire plus haut que sa traversée des Andes, il atterrissait triomphalement à Aix-les-Bains !

Il avait contemplé successivement les pics du Cervin, du mont Rose et du mont Blanc dont il rapportait de magnifiques photographies, prises à vol d'aigle pendant sa traversée.

Ces deux expéditions mettent, il n'y a pas besoin d'y insister, l'explorateur italien au rang des aéronautes les plus célèbres du monde entier.

Nous ne pouvons nous empêcher de rapprocher de la catastrophe du *Regina Ellena* la performance récente des deux frères Wegener qui, dans leur ascension scientifique des 5, 6 et 7 avril 1906, sont restés cinquante-deux heures et demie en l'air sans atterrissage, après avoir évolué à deux reprises au-dessus de la Baltique dont la largeur excède celle de l'Adriatique. L'aîné des deux frères qui ont enlevé le record du temps passé en l'air au comte de La Vaulx en mai 1878, et le second dans le cours de l'année 1881, tous les deux ont donc l'éclat que donne la jeunesse quand elle confine à l'âge mûr et qu'elle a été consacrée à des études scientifiques sérieuses en même temps qu'à des exercices du corps. En effet, avant d'être attachés à l'observatoire de Lindenberg, les deux frères avaient fait une étude spéciale de la météorologie et de l'astronomie; ils s'étaient distingués dans les exercices gymnastiques et, de plus, ils avaient fait de nombreuses ascensions de montagnes. Le plus jeune est tellement épris d'aventures qu'il s'est attaché à la station que le Gouvernement danois a établie au nord du Groenland, pour étudier les particularités du climat polaire en employant toutes les ressources de l'aérostation.

Enfin, il ne faut pas oublier que le ballon qu'ils montaient était gonflé au gaz hydrogène pur, comme le sont le plus souvent ceux de l'observatoire aéronautique allemand.

L'emploi d'un gaz extra-léger donne à l'aéronaute habile des avantages inestimables pourvu que son ballon soit parfaitement imperméable et que sa soupape soit absolument hermétique. S'il en est ainsi, il y a la même différence entre le ballon à hydrogène et le ballon à gaz d'éclairage, qu'entre ce dernier et une montgolfière.

Le navire aérien des frères Wegener était dans un état si satisfaisant qu'après leurs cinquante-deux heures et demie de présence en l'air, les deux frères auraient continué leur voyage s'ils n'avaient oublié à terre leurs manteaux et s'ils avaient eu encore de quoi manger. Ce n'est pas le défaut de lest qui les a obligés de s'arrêter, ce n'est que la faim et le froid.

CHAPITRE XVIII

LES AÉRO-CLUBS DE FRANCE ET DE L'ÉTRANGER

Au premier rang des Sociétés aéronautiques qui existent actuellement, il importe de faire figurer les *aéro-clubs* qui se multiplient actuellement dans tous les pays civilisés. C'est à la France que revient l'honneur d'avoir donné cette brillante impulsion à l'aérostation sportive, et c'est à l'Autriche que revient celui d'avoir compris l'importance d'une institution s'adressant à l'aristocratie de naissance, de science et de goûts.

On doit reconnaître que les expériences exécutées avec la *France*, le célèbre auto-ballon du parc de Chalais-Meudon, ont contribué puissamment à populariser ce genre de sport dans les hautes sphères sociales.

C'est au comte de La Valette et en même temps au marquis de Dion, au comte de Saint-Victor et au comte de La Vaulx, à MM. Jacques Faure, Archdeacon que l'on doit attribuer la fondation de cette institution qui joue et jouera, dans les annales de l'aérostation, le même rôle que le Jockey-Club dans le développement en France de l'industrie chevaline. Il est de plus à remarquer que la plupart des créateurs de l'Aéro-Club appartiennent à une autre association analogue, à celle de l'Automobile-Club.

Cette association merveilleuse, dont la puissance a grandi miraculeusement, a généreusement patronné l'Aéro-Club.

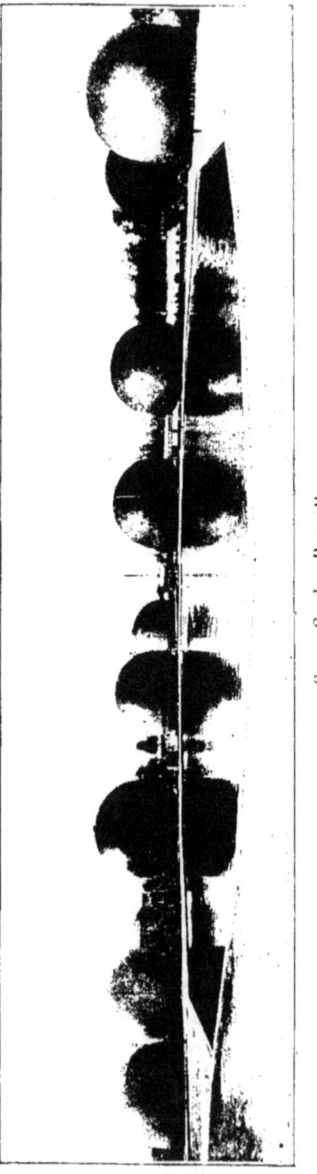

Coupe Gordon-Bennett.

Nous n'entreprendrons point de tracer l'histoire des performances auxquelles le nom de l'Aéro-Club a été mêlé, tant sous la présidence du marquis de Dion que sous celle de M. Cailletet de l'Institut, son successeur. Ce serait, en effet, revenir sur un grand nombre d'événements dont nous avons déjà parlé et anticiper sur ceux que nous pourrions raconter dans les pages qu'il nous reste à écrire.

Toutefois, nous devons ajouter que l'institution du prix de 100 000 francs pour doubler la Tour Eiffel avec un dirigeable partant du parc des Coteaux de Saint-Cloud et y revenant en une demi-heure, a été le signal d'une foule de créations analogues, et que le triomphe de M. Santos-Dumont a pu être considéré comme celui de la direction aérienne elle-même.

Généralement, les prix de l'Aéro-Club ont une forme non monnayée : ce sont des objets d'art, quelquefois d'une grande valeur, qui ne restent la propriété des titulaires que lorsqu'ils sont parvenus à en rester possesseurs pendant plusieurs années consécutives. Le meilleur type que nous puissions citer de ces créations est la coupe Gordon-Bennett de 12 500 francs, attribuée au vainqueur d'une course internationale dans laquelle l'Allemagne, l'Angleterre, la Belgique, l'Espagne, les États-Unis, la France et l'Italie sont représentés par un ballon monté par des champions choisis par chaque nation.

Le prix est décerné au ballon qui atterrira le plus loin du jardin des Tuileries choisi comme point de départ. Si le vent pousse dans la direction de l'Océan, le concours de distance est changé d'office en concours de durée de présence en l'air.

Le concours des années suivantes aura lieu du mois d'avril au mois de novembre, dans la capitale de la nation qui a obtenu le prix et détient provisoirement la coupe.

Il est difficile de combiner plus heureusement les élans de la fraternité aérostatique avec les rivalités internationales. On peut dire que nous assistons à l'inauguration des jeux olympiques de l'Océan aérien.

Cette coupe a été disputée le 30 octobre en présence d'une multitude réunie dans le jardin des Tuileries. Le nombre des ballons concurrents était de 18 ; ils s'élevèrent successivement de cinq en cinq minutes avec une régularité chronométrique.

Le vent n'était pas favorable, il poussait les aérostats dans la direction des côtes de Bretagne ; tout le monde supposait que la lutte se terminerait entre cette presqu'île et la Vendée.

Mais pendant la nuit la courbe des vents s'accentua vers le Nord-Ouest ; au matin les aérostats se trouvaient vers l'embouchure de la Manche, ceux qui n'avaient pas reconnu suffisamment bien leur trajectoire atterrirent sur la rive française, les autres, mieux renseignés, passèrent en Angleterre au nombre de neuf.

La plupart traversèrent l'île dans sa partie méridionale, mais trois seulement parvinrent sur le rivage de la mer du Nord. Le vainqueur fut M. Lahm, aéronaute américain, qui couvrit plus de 700 kilomètres. Le second fut le champion italien, M. Wonwiller, lequel eut une descente mouvementée ; M. le comte de La Vaulx, mal servi par les circonstances, n'arriva que le troisième. En vertu du règlement de la course, cette grande manifestation internationale aura lieu en 1907 à Saint-Louis du Missouri aux États-Unis. Cette ville a été choisie par l'Aéro-Club américain pour que les participants trouvent dans toutes les directions plusieurs milliers de kilomètres avant de rencontrer l'Océan.

L'Aéro-Club français se compose actuellement de 800 à 900 membres dont une vingtaine comprenant des notabilités scientifiques ou aérostatiques figurent à titre d'honneur en tête des listes. Son secrétaire général est M. Besançon, rédacteur en chef de l'*Aérophile*, organe officiel de la Société.

Une Commission scientifique présidée par le prince Roland Bonaparte, membre de l'Académie des Sciences, traite une foule de questions avec un zèle que rien ne décourage. Un autre comité des plus actifs est certainement celui d'Aviation dans le sein duquel les prétendus succès des frères Wright avaient semé une inconcevable agitation. Mais celui dont les délibérations ont le plus de valeur est le Comité sportif à la tête duquel se trouve le comte Henry de La Vaulx et dont fait partie son collègue M. Jacques Balzan, ex-président de la Société de Navigation aérienne.

Le sport est, en effet, la principale raison d'être de l'Aéro-Club et la cause presque unique de sa prospérité.

Lorsqu'il s'est agi de la création du Parc des Coteaux,

l'Aéro-Club a eu recours aux bons offices d'une Société fermière, mais aujourd'hui il est devenu propriétaire des terrains sur lesquels l'aérodrome a été établi.

Des ascensions à bon marché ont été organisées en faveur des membres de la Société. Ceux qui désirent profiter du bénéfice de cette institution doivent se faire inscrire au mois d'avril. Lorsque le temps est favorable, on tire au sort parmi

La traversée de Paris par un aérostat venant du Parc de l'Aéro-Club.

tous les membres le nom de ceux qui doivent figurer dans la première ascension du Club. Dans les trois jours, les bénéficiaires doivent verser une somme de 60 francs et, sous peine de déchéance, se trouver présents au jour indiqué pour le voyage aérien.

Mais la plupart des membres n'ont pas besoin d'avoir recours aux ballons de la Société, car le nombre des propriétaires de ballons augmente de jour en jour.

Dans l'Annuaire de 1906, nous trouvons les noms et les volumes de 80 aérostats appartenant à des membres français et qui, en cas de guerre, seraient mis à la disposition du

Gouvernement. Dans cette véritable flottille, figure un ballon de 4 000 mètres, six de 2 000 et une douzaine de 1 000. A cette liste, il convient d'ajouter en temps de paix une trentaine de ballons appartenant à des affiliés étrangers.

Le nombre des pilotes officiellement reconnus est de soixante environ, et quelques-uns figurent dans le cadre des aérostiers de réserve, après avoir subi avec succès les examens officiels.

S'il survenait une guerre nouvelle, la République ne se trouvera plus jamais prise au dépourvu, comme elle l'a été en 1870, et l'influence de l'Aéro-Club a été prépondérante pour assurer cet important résultat, dont le mérite dépendra de la nature du rôle que ces aérostats sont destinés à jouer dans les guerres de l'avenir, comme nous le verrons ci-après.

L'Aéro-Club a eu l'heureuse idée de former une fédération de toutes les Sociétés françaises dont l'effectif est déjà assez imposant. Outre la Société Française, on y trouve l'Aéronautique-Club, l'Académie Aéronautique de France, l'Aéro-Club du Sud-Ouest et le Club Aéronautique de l'Aube.

Mais les grandes démonstrations sportives sont nécessairement celles qui ont un caractère international, car la navigation aérienne est de sa nature essentiellement humanitaire et cosmopolite. Si jamais les aéronautes français n'ont oublié et n'oublieront qu'ils ont une patrie, ils pensent avec un noble sentiment de fierté que leurs travaux, mieux consacrés à la défense du sol qui les a vus naître, hâteront le moment où toute la terre appartiendra à l'humanité !

Le règlement sportif de la Fédération Internationale qui a été mis en vigueur dans le grand concours d'octobre 1906, est un véritable chef-d'œuvre dont nous avons déjà indiqué les traits principaux. Il n'est point surprenant que le nombre des ascensions sportives et autres aille en grandissant, chaque

Ballon couvert de neige pendant la tempête. Ascension de l'Aéro-Club.

année, avec une rapidité magique. Le tableau suivant que

nous empruntons à l'Annuaire de l'Aéro-Club pour l'année 1906, nous permettra de juger de la rapidité de cette progression. Les chiffres ont une éloquence qu'aucun discours ne saurait égaler.

De 1899 à 1906, c'est-à-dire en sept années, le nombre des ascensions auxquelles les membres du Club ont pris part s'est élevé de 48 à 288, et il est inutile de dire que le mouvement continue à s'accentuer en 1906, le nombre total s'étant élevé à 1207, chiffre respectable. En effet, le nombre de kilomètres parcourus s'approchait de 40 000, la longueur d'un méridien. La distance, quoique déjà appréciable, va en augmentant notablement chaque année.

Tous les ballons sont gonflés et arrimés d'une façon scientifique dans le hangar du Club et sous la direction de M. Maurice Mallet, spécialement chargé de la direction des opérations aérostatiques. Aussi les ascensions de près de 1 400 passagers, embarqués dans plus de 500 voyages et parmi lesquels figurèrent plus d'une trentaine de dames élégantes et délicates n'ont donné lieu à *aucun accident*.

L'on ne citerait pas un seul voyageur, quels que soient son âge, son sexe, sa profession, qui ne soit revenu enchanté de son excursion dans la région des nuages et qui n'ait formulé le désir d'y revenir de nouveau. Du reste, il est des plus restreints le nombre des sociétaires qui quittent le ciel sans esprit de retour !

Le Club a toujours fait d'honorables efforts pour accélérer le mouvement des ascensions scientifiques, mais cette partie du programme n'est point encore aussi développée que les autres. Le prince Roland Bonaparte a mis des instruments à la disposition des ascensionnistes, et des formulaires vont être distribués aux pilotes pour qu'ils puissent contribuer énergiquement au développement de la Météorologie à trois dimensions. La Société de Météorologie, dans le noble but de développer ce grand côté de l'aérostation, a fondé un prix pour les membres de l'Aéro-Club qui feront les meilleures observations; cependant il a été rarement possible, au milieu de toutes ces ascensions, d'organiser des expériences simultanées en correspondance avec le Comité international des ballons-sondes, dont le sympathique secrétaire général est, ainsi que nous l'avons dit, un des créateurs.

Divers membres de l'Aéro-Club ont publié des ouvrages spéciaux fort intéressants.

Nous citerons particulièrement le volume dans lequel M. le comte de La Vaulx raconte gaiement ses premiers voyages aériens.

Celui de M. Santos-Dumont intitulé : *En l'Air*.

L'histoire de l'Aviation par le capitaine Ferber. Enfin nous signalerons tout particulièrement le Vade Mecum de l'Aéronaute. M. Georges Blanchet y expose clairement et minutieusement les principes essentiellement pratiques de l'aérostation. Les pilotes ainsi que les passagers y trouveront une foule de renseignements sur la meilleure manière de triompher des difficultés en présence desquelles ils peuvent se trouver inopinément placés.

L'Aéro-Club de l'étranger le plus digne d'être mis en parallèle avec celui de Paris, est incontestablement celui de Vienne. La fondation de cette société si prospère est entièrement due à l'initiative privée. Son fondateur est M. Victor Silberer, directeur d'un des meilleurs journaux aéronautiques des deux hémisphères. Il y insère régulièrement le récit des ascensions scientifiques dont quelques-unes sont pilotées par lui-même ou par son fils, et qui se suivent régulièrement de mois en mois.

Le recueil de ces voyages aériens exceptionnels, exécutés

par les plus célèbres physiciens, formeront les éléments d'une publication d'un intérêt exceptionnel, lorsqu'ils s'étendront sur un nombre suffisant d'années. Mais, en attendant, ils offrent un modèle aux savants qui ont la noble ambition d'étudier les phénomènes météorologiques *dans la région même où ils se produisent*, suivant l'expression magnifique de *Tiberius Cavallo*. On y joindra aussi l'étude des observations aériennes faites à Tegel, ensuite à Lindenberg.

Mieux que de longs discours, un diagramme emprunté à une merveilleuse publication faite par M. Assmann, nous permettrait d'en apprécier toute la fécondité. L'Angleterre s'apprête à sortir du trop long sommeil dans lequel elle a été plongée à la suite de la faveur dont les théories du plus lourd que l'air ont longtemps joui. James Glaisher a eu un émule et un élève dans la personne du Révérend Bacon, qui a exécuté dans les dernières années de sa vie une série d'ascensions remarquables, dont quelques-unes en compagnie de sa courageuse fille, gracieuse émule de la duchesse d'Uzès. Ces voyages aériens, publiés dans la *Contemporary Review* de Londres, ont déterminé le Gouvernement britannique à donner spontanément des crédits au *Meteorological Office* pour organiser des observations aériennes sous l'influence des performances de M. Butler, qui dispute à notre champion, M. Jacques Faure, le record du passage du détroit ; un Aéro-Club a été constitué et, pour ses débuts, a organisé une course en ballon.

Nos voisins et amis les Belges se sont fatigués de servir de lieu d'atterrissage aux aéronautes français, tant pendant la paix que pendant la guerre : ils ont fondé un Aéro-Club. Cette Société a fait connaitre son existence de la façon la plus avantageuse par l'exécution des ascensions scientifiques et sportives à l'Exposition Universelle de Liège. Elle s'est aussi distinguée par le choix des anniversaires, tels que celui de l'Inauguration du Palais du Cinquantenaire de la Révolution belge, du premier emploi du gaz d'éclairage dans le gonflement des ballons, et du gain de la bataille de Fleurus par suite des observations du capitaine Coutelle.

Cette fête était le corollaire indispensable de celle dans laquelle M. Étienne, Ministre de la Guerre de la République Française, a inauguré le monument des aéronautes du siège, offert à la ville de Neuilly-sur-Seine par un comité de souscription publique organisé par l'Aéro-Club de Paris.

Par suite de quelles circonstances fatales les aérostiers militaires de Versailles n'ont-ils pu fraterniser ni avec leurs camarades d'Anvers, ni avec leurs prédécesseurs de 1870 ?

Ajoutons que l'Aéro-Club de Belgique a la bonne fortune d'avoir un organe aéronautique semi-mensuel, dont le rédacteur en chef est M. de la Hault, secrétaire-trésorier de cette association.

La presse aéronautique prend donc un développement considérable suivant celui des Sociétés sportives auxquelles elle sert d'instrument de propagande.

Le doyen de ces organes est l'*Aéronaute*, fondé en 1867 par le Dr Hureau de Villeneuve et dont la collection fournit une histoire complète de la Navigation aérienne depuis plus de quarante ans.

C'est l'organe officiel de la Société française de Navigation aérienne.

Quelques-unes de ces publications, quoique ne paraissant que tous les trois mois, sont loin d'être sans mérite et sans utilité pratique. Ainsi l'*Aéronautique*, organe de l'Aéronautique-Club dirigé par M. Saulnière, présente chaque trimestre un résumé très complet de tout ce qui s'est passé d'intéressant dans la période précédant l'apparition du numéro.

Le *Wiener Luftschiffer*, dont nous avons parlé plus haut,

fait mieux encore. Tous les ans, il publie au mois de janvier une histoire complète de l'année qui vient de s'écouler ; ce brillant résumé est dû à la plume de M. Victor Silberer, son rédacteur en chef, comme nous l'avons déjà rapporté.

Le nombre des ascensions exécutées est beaucoup moindre à Vienne qu'à Paris. Ainsi en 1905, il n'y en a eu que 13, mais tous ces voyages ont été scientifiques et à grande hauteur. Depuis la fondation du Club, il n'y a eu que 145 membres qui ont pris part à ces voyages aériens ; mais un grand nombre ont été l'objet de récits intéressants au point de vue physique, physiologique ou littéraire. Nous citerons les ascensions de M. Herbert Silberer, au nombre de 30, qui ont fourni le parcours de 4 000 kilomètres dans les airs.

Dans cette capitale, l'Aéro-Club n'est point isolé ; il peut compter sur le concours des physiciens du Bureau Central météorologique. Les officiers du bataillon des aérostiers, imitant du reste en cela ceux d'Espagne, d'Italie, de Suisse, de Bavière, de Russie et d'Allemagne, contribuent à l'œuvre commune, et envoient leurs communications à la Commission Internationale des ballons-sondes. Complétée par la création d'un prix dont nous dirons quelques mots tout à l'heure, l'organisation de l'Aéro-Club viennois est aussi originale que féconde, et elle est favorable à l'extension des principes de l'Aéronautique Française, que M. Victor Silberer soutient par ses écrits ainsi que par son exemple.

L'Académie des Sciences de Vienne n'a point créé un Comité des ballons, mais elle a fait mieux que d'instituer un corps muet et paralysé : elle a accueilli depuis nombre d'années avec faveur, des ascensions scientifiques dans le but d'étudier la répartition de l'électricité dans l'atmosphère.

Dans l'*Annuaire de l'Aéro-Club de Vienne* (1905), on trouve la liste des 22 ascensions en hauteur exécutées par MM. Valentin à plus de 4500 mètres. La première le fut le 7 novembre 1901, dans un ballon piloté par M. Herbert Silberer, et la dernière, le 8 novembre 1905. Dans cet espace de quarante-huit mois, les physiciens du Club se sont élevés 76 fois à plus de 7000 mètres sans le secours des inhalations de gaz oxygène et sans s'évanouir.

Dans l'ascension du 5 juillet 1905, le docteur Klein qui était parti seul par une température de $+ 23°,3$ à l'ombre, rencontra à l'extrémité de son bond historique — 14°,7. C'est .une chute thermique de 48° et la durée de l'ascension y compris le temps de la descente n'a été que de $2^h,45$.

Pendant le temps couronné par l'accomplissement de ce drame physique, le vent s'était calmé, car le point de cet atterrissage était à 63 kilomètres du pavillon de l'Aéro-Club viennois. La vitesse moyenne horizontale avait à peine atteint le quadruple de la vitesse suivant la verticale, c'est-à-dire celle des changements de niveau, soit que le ballon s'approchât du sol, soit que son pilote l'obligeât à regagner les hautes régions atmosphériques.

A Berlin l'Union Aéronautique peut être citée comme un modèle aux diverses Sociétés d'ascensions. En effet, dans chacune des séances, on présente le compte rendu détaillé des ascensions exécutées par les divers membres, on les discute soigneusement et l'on présente un travail d'ensemble sur les résultats qui ont été constatés. On ne se contente pas de totaliser le nombre des mètres cubes que jauge le ballon. Les voyages aériens sont souvent pilotés par des officiers aérostiers, qui se perfectionnent ainsi dans l'art de conduire les aérostats. Parmi les pilotes, on remarque également des fonctionnaires de l'Observatoire Aéronautique de Lindenberg, où, tous les procédés de sondages aériens sont utilisés simultanément; on doit créer une organisation semblable en

Angleterre, où, comme nous l'avons expliqué déjà, le Gouvernement britannique vient d'accorder des crédits spéciaux, pendant que le nouvel Aéro-Club se prépare à débuter dans la carrière des concours aériens.

L'une après l'autre, toutes les nations civilisées tiennent à participer activement à la conquête de l'Air.

A côté des Sociétés Aéronautiques étrangères que nous venons déjà de mentionner, nous devons inscrire l'Aéro-Club d'Espagne, dont le Roi lui-même a tenu à être le président d'honneur.

Cette Société, puissante dès sa naissance, organisa au mois de janvier 1907, en collaboration avec l'Aéro-Club français du sud-ouest, des cérémonies aériennes à Bordeaux, en l'honneur de la mémoire de l'aéronaute espagnol Duro, qui, en quelques mois, était parvenu à conquérir une célébrité universelle.

La coupe Gordon-Bennett a également suscité prodigieusement l'émulation de la grande nation américaine. L'Aérostation avait été un peu dédaignée de l'autre côté de l'Atlantique. Nous sommes heureux de constater son réveil éclatant, sur le présage d'une lutte, amicale évidemment, mais acharnée pour la conquête du précieux trophée dû à la générosité de leur richissime compatriote, le célèbre directeur du *New York Herald*.

CHAPITRE XIX

GRANDES EXPÉDITIONS AÉRONAUTIQUES

Si les concours pratiqués sur une grande échelle avec talent, persévérance et un véritable éclat, ont transformé l'aérostation, et en ont fait un exercice dans lequel les rois et les reines de la mode se plaisent quelquefois à se distinguer, il y a encore un but plus noble que le ballon sphérique doit atteindre. Mais, pour qu'il puisse être utilisé à la conquête de l'Océan aérien par la science humaine, il ne suffit pas que l'aéronaute se borne à s'abandonner au caprice des vents et à admirer la puissance des scènes que le hasard lui met sous les yeux.

Il est en quelque sorte indispensable qu'il se propose un but spécial et défini, comme sont les observations des éclipses totales de soleil.

Quoique l'histoire des tentatives qui ont été faites ne soit pas encore connue et qu'aucun succès complet ne paraisse avoir récompensé les efforts auxquels on s'est livré, on en connait assez pour affirmer que c'est surtout faute de pratique que des échecs se sont produits. Rien n'est plus instructif à ce propos que l'histoire de l'ascension exécutée à Constantine par M. Joseph Jaubert, directeur des Services Météorologiques de la Ville de Paris, que guidait un pilote habile, M. le comte de La Vaulx.

Tout entier à la mission qu'il s'est imposée, M. Jaubert

s'arrache à la contemplation de l'admirable spectacle qui se déroule devant ses yeux. Il se précipite à sa lunette et, malgré la rotation désordonnée du ballon, il arrive à tenir le disque au milieu du champ de son instrument. Il est sûr d'avoir réussi et montre que l'expérience n'est point une tentative chimérique. C'est avec une noble impatience qu'il développe son cliché... Hélas! il a en quelque sorte trop bien réussi. Il n'a pas changé de plaque pendant le court intervalle de temps que dure l'opération. Il n'a pas un seul cliché du soleil, il en a quatre qui, séparés, auraient fourni une image complète de l'apparition ; mais, superposées, elles se confondent et empêchent de tirer aucun parti de leurs précieuses indications.

Il est clair qu'un auto-ballon dont le pouvoir propulsif serait presque nul, juste suffisant pour qu'il obéisse au gouvernail, aurait donné un résultat parfait.

Ce n'est pas le seul cas où la science prévoit un parti merveilleux d'un mouvement propre du navire aérien. Les enregistreurs de la température et de l'humidité de l'air fourniraient automatiquement les données irréprochables que M. Assmann cherche à obtenir à l'aide de ses appareils à insufflation, si l'*auto-ballon* était armé d'une vitesse propre connue, déterminée. On pourrait l'utiliser pour déterminer d'une façon rigoureuse les variations dans la vitesse et dans la direction des couches d'air que l'on traverse progressivement ; soit en s'écartant de terre, soit en s'en rapprochant, l'auto-ballon deviendrait un instrument de mesure d'une exactitude idéale. En effet, les influences atmosphériques agissent sur l'enveloppe, dont le développement est immense. Pour un ballon de 1 000 mètres, il est de 400 mètres superficiels et peut être facilement porté à 5 ou 600 pour peu que l'élongation ait une valeur appréciable.

Au premier rang de ces expéditions aéronautiques, que

l'on peut comparer à celles des Argonautes de l'antiquité, nous
citerons les voyages à but déterminé dont nous avons déjà dit
quelques mots à propos des problèmes sportifs. Le célèbre
aéronaute Green est le promoteur d'ascensions qui n'ont point

Communiqué par H. de La Vaulx.

Le *Méditerranéen* (H. de La Vaulx).

été tentées de son vivant et qui après sa mort n'ont produit que
des désastres.

C'est l'inventeur du guide-rope qui a proposé de traverser
l'Atlantique en partant des États-Unis ; il proposait d'emporter
un guide-rope long de 600 mètres qui n'aurait été que d'un
bien faible concours dans une entreprise de cette nature.

Quelques aéronautes célèbres d'Amérique ayant disparu
dans l'immensité de la nappe d'eau qui sépare les deux continents, il n'a plus guère été question de ces tentatives. C'est
vainement que M. Gordon-Bennett a tâché de les renouveler en
prenant comme point de départ les Açores. Les publications
faites dans le même but par M. E. Reclus, le célèbre géographe,

n'ont pas eu plus de succès que les offres princières du millionnaire américain.

De nos jours, l'on n'est plus aussi profondément ignorant sur le régime des vents au-dessus de l'Atlantique, qu'à l'époque où les journaux commentaient avec faveur les excentriques propositions de Green.

L'étude des livres de bord des steamers des lignes d'Amérique, les messages télégraphiques échangés entre les bureaux météorologiques des deux continents, la création de la Station météorologique des Açores, et les campagnes d'exploration aérienne entreprises par le prince de Monaco, à bord de la *Princesse Alice*, ont jeté une vive lumière sur le problème dont on attaquait la solution avec tant de précipitation.

Toutes les tempêtes du Sud-Ouest qui se développent sur le continent Nord-Américain, et dont on suit la trace jusqu'à la côte orientale, sont loin d'aboutir sur notre vieux continent. Un pilote qui s'abandonnerait à leur fureur ne serait pas le moins du monde assuré d'arriver en Europe, même s'il était assez habile pour conquérir le record de cinquante-deux heures des deux frères Wegener, les heureux aéronautes de l'Observatoire de Lindenberg. Quelquefois, les cyclones les plus terribles se dissolvent en plein Océan. Plus souvent, ils remontent vers le Nord et vont se perdre dans les régions glacées où une mort cruelle attendrait infailliblement le voyageur aérien.

C'est sur la Méditerranée qu'il paraît convenable de tenter l'exécution de grandes expéditions maritimes. Elles n'ont point eu les suites que l'on en attendait, et que semblaient promettre les préparatifs auxquels on s'était livré.

Pendant trois années consécutives, les mouvements du *Méditerranéen* furent inutilement surveillés par un torpilleur que le Ministre de la Marine a mis à la disposition du comte de La Vaulx. Quoique ces tentatives n'aient eu aucun succès pratique, elles ont mis en évidence nombre de faits intéressants dont nous nous contenterons de signaler un détail important. En effet, on a constaté la difficulté de préparer l'hydrogène pur avec de l'eau de mer, et la nécessité d'employer à cet effet des procédés perfectionnés.

Il ne faut pas non plus croire que les études qui ne produisent pas les résultats que l'on espère soient entièrement perdues. C'est par la voie indirecte des tâtonnements successifs que la science progresse quelquefois le plus rapidement. Il est rare que dans l'étude de la nature, un bon tireur attrappe le mille, et la plupart des cartons que conserve l'Histoire sont loin d'être réussis.

S'il y a des recherches que, comme la quadrature du cercle et le mouvement perpétuel, on doive condamner, le nombre en est très restreint et elles ne s'appliquent qu'à des expériences dépourvues à la fois de sens et de raison. Encore faut-il honorer la mémoire des hommes qui succombent pour la réalisation d'une utopie, et admirer leur courage ainsi que leur dévouement, à moins que cette erreur ne soit incompatible avec le bien du genre humain.

Nous avons vu, il y a quelques années, deux vaillants chercheurs s'imaginer que l'on pourrait explorer le Sahara avec des ballons à guide-rope qu'on lancerait en partant d'un point Est de la Tripolitaine ou de la Tunisie. Leur illusion n'a point tardé à être dissipée, et les expériences ont été rapidement interrompues. Mais, pendant qu'elles étaient en cours, elles ont mis de nouveau en évidence un fait capital trop souvent négligé, non seulement en aérostation, mais encore en météorologie.

Dans ce que nous avons appelé « La petite Banlieue de la Terre », les courants ne possèdent aucune régularité. Bien fol est qui s'y fie ! Les conditions locales ont, dans la plupart du temps, une influence perturbatrice. On ne peut découvrir les lois générales de l'atmosphère que dans les altitudes où ces troubles partiels ne se font nullement sentir, c'est-à-dire en planant sur l'Océan ou à une altitude suffisante au-dessus des continents.

Voilà pourquoi les explorations à la fois maritimes et aéronautiques de la *Princesse-Alice* ont excité et excitent encore un si vif intérêt.

Les sondages aériens sont le complément naturel des sondages océaniques ; mais ni les uns ni les autres ne doivent se borner aux couches superficielles. C'est ce qui fait que l'on attache tant de prix aux ascensions maritimes dont les dangers accroissent les difficultés, mais qui excitent une attraction incontestable sur les nobles esprits.

CHAPITRE XX

LES EXPLORATIONS POLAIRES EN BALLON

L'origine des explorations polaires en ballon dont il est de nouveau question, et qui reviendront sur l'eau aussi longtemps que le mystère des Pôles ne sera pas dissipé, ont été, comme nous l'avons vu, conseillées depuis longtemps. Mais ce que l'on ignore généralement en France, c'est qu'elles ont failli être exécutées, il y a une trentaine d'années, à la suite de la fameuse expédition du *Polaris*. Le capitaine Tyson, qui avait pris le commandement à la suite du décès du capitaine Hall, avait ramené l'équipage sur le dos d'un glaçon.

Cette performance extraordinaire excita mon admiration et je publiai un récit des aventures de ces naufragés dans la Bibliothèque Rose. On peut lire le récit des circonstances que je vais rapporter dans le dernier chapitre de cet ouvrage.

J'entrai en correspondance avec le capitaine Howgate, sous-directeur du Bureau de Washington, et je lui offris mes services pour organiser une station aéronautique à la baie Lady Franklin, 79° de latitude boréale, où une mine de charbon avait été découverte. Mon offre fut agréée et le capitaine Tyson fut envoyé sur la côte du Groenland avec le schooner *La Florence* dans le but d'étudier sur un climat analogue les conditions dans lesquelles la colonie scientifique devrait être organisée.

Malheureusement, si le capitaine Howgate était un officier

fort savant et très intelligent, sa gestion financière laissait fort
à désirer : il fut arrêté comme coupable d'avoir détourné à son
profit une somme d'environ un demi-million.

Le procès qui, après des incidents étrangers à cette histoire, se termina par la condamnation du coupable, fit beaucoup de bruit, et je ne crus pas utile de reprendre les négo-
ciations.

La colonie scientifique de la baie *Lady Franklin* fut établie quelques années plus tard sous la direction du général
Greely. On connait l'issue désastreuse de cette campagne que
je décrivis dans un volume intitulé *Les Affamés du Pôle Nord*[1],
mais il ne fut plus question de l'emploi des ballons.

C'est seulement beaucoup plus tard, dans les dernières
années du siècle, que l'on parla de nouveau des aérostats au
Pôle Nord. Mais, cette fois, ce ne fut plus comme annexes
d'une colonie sédentaire, afin d'exécuter soit des lancers de
ballons-sondes, soit des ascensions libres dans un district d'un
rayon limité, qu'on invoqua leur intervention. Il n'est point
inutile de faire remarquer que, malgré les efforts héroïques
tentés depuis plus de deux siècles et les admirables explorations de Nansen, le district polaire est encore inexploré dans
l'hémisphère boréal, et que c'est à peine s'il est effleuré dans
l'hémisphère austral. M. Walter Wellman est parfaitement
justifié en déclarant que l'ignorance dans laquelle nous vivons
à cet égard, est une tache pour la géographie contemporaine
et qu'on ne saurait en quelque sorte faire de trop énergiques
efforts pour l'effacer.

« Patet aer ! » comme s'écrie Dédale dans les *Métamor-
phoses d'Ovide* ; il nous reste la voie des airs, et il faut en profiter au risque d'y perdre la vie.

[1] Librairie Hachette.

Vers 1892, la Suède avait envoyé au Spitzberg une Commission scientifique chargée de la tâche d'y mesurer la longueur du méridien. Le chef de cette expédition était le physicien Eckholm, déjà célèbre, et son aide était l'ingénieur Andrée, sortant alors de l'Ecole Technique et avide de s'illustrer. Il se distingua si bien dans cette honorable, pénible et même périlleuse mission, qu'à son retour à Stockholm, il fut nommé chef du Bureau des Patentes.

Mais cet esprit vif, inquiet, impétueux, ne devait pas long-temps profiter de la haute situation qu'il avait acquise et de l'amitié de l'illustre Nordenskjold, le doyen et le modèle de tous les explorateurs polaires. Pendant qu'il se reposait de ses grands travaux, il songeait involontairement à employer les aérostats à l'exploration de ces contrées mystérieuses où la nature affecte des formes si grandioses et si différentes de celles que nous sommes habitués à contempler.

Il se décida donc à devenir aéronaute, et il prit plusieurs leçons d'un praticien habile du pays.

Quand il se crut assez fort pour être son propre pilote, il vint à Paris et fit construire un ballon de 1 000 mètres qu'il nomma *La Svea ;* c'est le nom poétique de sa noble patrie.

Grand, courageux, robuste, adroit, il réussit admirablement les ascensions qu'il exécuta. Toujours préoccupé de son désir d'atteindre le Pôle, Andrée crut bientôt avoir découvert un moyen de direction très simple, qui le dispensait d'avoir recours à un dirigeable dont l'idée d'ailleurs ne lui était pas venue. C'était de se lancer du Spitzberg par un vent favorable et de rectifier sa route à l'aide de la déviation obtenue par l'effet d'une voile sur laquelle, grâce au guide-rope, le vent agirait.

L'idée était ingénieuse et, jusqu'à un certain point, pratique. En effet, le guide-rope produit en frottant sur la terre, un effort énergique, il se déplace moins vite que le vent, *ergo* une voile convenablement orientée doit produire une déviation.

Le principe est incontestable ; Andrée le mit en lumière par des ascensions scientifiques dont il présenta les résultats à la Société de Géographie de Stockholm, à l'Académie des Sciences de cette ville, et qui furent discutés dans tous les journaux aérostatiques.

Des expériences de vérification, auxquelles je pris part, eurent lieu à Paris ; mais il ne fut pas prouvé que ce principe nouveau pût être réellement pratique dans un voyage de longue durée. Les expériences imaginées par Andrée laissaient prise aux doutes les plus graves, et nous nous sommes bien gardés nous-mêmes de les lui cacher. Cependant nous n'avons pu jamais le déterminer à débuter par une expérience en grand dans un pays où il ne fût point certain de périr si son système était en défaut.

L'ingénieur suédois prépara son expédition avec un soin minutieux. L'argent ne lui manquait pas, il lui avait été donné d'un côté par Sa Majesté le roi de Suède, de l'autre par Dikson, célèbre armateur de Gothembourg, surnommé le Mécène des explorations polaires, enfin l'illustre ingénieur Nobel, fondateur des prix princiers qui portent son nom, acheva de compléter la souscription nationale suédoise.

Andrée envoya tout d'abord à Paris son ancien chef de service Eckholm, qui devait d'ailleurs participer à l'ascension, s'informer des maisons remplissant les conditions nécessaires pour exécuter le matériel. Eckholm fit une enquête très laborieuse à l'issue de laquelle la maison Lachambre, s'engageant à fournir l'aérostat dans le délai le plus rapide, fut choisie par Andrée pour lui confectionner son équipement.

L'immense sphère de 6 300 mètres cubes fut exposée ainsi que la nacelle pendant plusieurs jours dans le palais des Arts

Libéraux au Champ-de-Mars ; toutes les notabilités de Paris s'y rendirent et j'eus le plaisir moi-même de faire devant cet auditoire d'élite une conférence sur le but de l'expédition.

Le ballon, soigneusement emballé, fut expédié au Spitzberg, où des cloisons colossales construites par les soins d'Andrée

S. A. Andrée vérifiant au Spitzberg l'imperméabilité de l'*Œrnen*.

devaient le mettre à l'abri des vents jusqu'au moment du départ.

Lachambre avait accompagné l'expédition pendant cette première partie du voyage, mais il n'eut pas l'honneur d'assister au lancer qui n'eut pas lieu cette année, des fuites immenses nécessitant un revernissage de l'enveloppe, laquelle devait être également augmentée.

Ce ne fut que l'année suivante, lorsque ces travaux furent faits, qu'Andrée se décida, malgré l'avis de tous ses amis et des compétences aéronautiques, à quitter pour toujours l'île des

Danois ; M. Lachambre n'était pas cette fois présent à cette émouvante solennité, il s'était fait remplacer par son neveu, M. Machuron, qui put s'enorgueillir d'avoir lancé l'*Œrnen* dans l'Océan Glacial le 17 juillet 1897.

M. Eckholm jugea, non sans raison hélas ! ce départ prématuré ; il fit part de ses objections à Andrée et une discussion publique eut lieu à ce sujet devant la Société de Géographie de Stockholm. Andrée persistant, M. Eckholm se retira et céda la place à un des deux remplaçants qui avaient été désignés dans ce but. M. Fraænkel, jeune homme sympathique très instruit, fort intelligent, qui était venu à Paris avec le capitaine d'artillerie suédoise Swedemborg compléter son éducation aéronautique.

L'*Œrnen* se fit en partant une déchirure sensible à un des poteaux soutenant les cloisons, de plus les guide-ropes se prirent dans les roches et il fallut hâtivement les couper. Délesté, l'aérostat polaire s'éleva rapidement à mille mètres et Andrée, Fraænkel et Strindberg disparurent pour toujours aux yeux de leurs amis éplorés.

Les seuls renseignements qui sont parvenus à la Société de Géographie de Stockholm nous permettent de supposer que l'*Œrnen* vogua pendant quarante-huit heures au moins dans la direction du Nord, mais le vent ayant tourné au Sud-Est, les infortunés aéronautes s'égarèrent dans l'Océan Glacial et périrent sans doute dans les flots entre la Nouvelle-Zemble et la Sibérie.

Le triste sort d'Andrée a excité une émotion universelle.

En Suède, on a été bien long à s'habituer à l'idée de ne plus le voir revenir avec les deux charmants et intrépides jeunes gens qui s'étaient attachés à sa fortune.

Andrée, Strindberg et Fraænkel n'ont disparu que graduellement de l'horizon intellectuel et moral de la Scandinavie.

Longtemps, dans tous les foyers de la patrie de Charles XII et de Gustave-Adolphe, on admettait les récits les plus invraisemblables promettant que l'on reverrait au moins l'un de ces trois héros, ou que l'on ramènerait dans leur pays quelques dépouilles provenant de leur corps ou de leur ballon.

Dix ans s'écoulent et cette catastrophe ne détourne point

Départ d'Andrée de l'île des Danois, au Spitzberg.

un courageux Américain de préparer au Spitzberg une nouvelle expédition polaire.

Cette fois, ce n'est point un jeune enthousiaste, c'est un père de famille, dans toute la maturité de sa raison, et qui laisse derrière lui à Washington cinq filles également prêtes à l'applaudir, ou résignées à le pleurer.

Le protecteur de l'expédition Walter Wellman n'est point un roi portant sur la tête la couronne de Bernadotte, mais le directeur d'un grand journal américain, le *Chicago Record Herald*.

Cet important organe a mis à la disposition de l'explorateur une somme énorme, 1 250 000 francs, aussi peut-on être certain que rien ne sera négligé pour le succès du voyage.

Comme l'infortuné ingénieur suédois, M. Wellman a choisi comme point de départ l'île des Danois. C'est presque à côté des débris du hangar de l'*OErnen*, que s'élèvent les gigantesques installations américaines ; en effet, indépendamment des locaux qui ont abrité le ballon, on a construit l'usine où le gaz hydrogène a déjà été préparé une première fois par un procédé imaginé par un compatriote du chef de l'expédition ; de plus les matelots qui hivernent au Spitzberg de 1906 à 1907 sont logés dans une maison à doubles parois apportée dans ce but, et destinée également à fournir aux aéronautes un domicile confortable pendant toute la durée des manœuvres préparatoires.

Ce qui distingue particulièrement cette tentative de celle d'Andrée c'est que M. Wellman ne se contente pas de demander sa route à un guide-rope déviateur d'un usage certainement fort difficile, mais il compte surtout sur un ballon dirigeable.

Une première fois, M. Wellman est arrivé d'Europe avec son matériel aérostatique complet dont les principales pièces avaient été construites en France, et ont été essayées sur place. En effet le chef de l'expédition américaine ne se lancera définitivement dans la direction du Pôle qu'après avoir acquis la certitude que son navire aérien et tous ses accessoires sont parfaitement aptes à lutter contre les difficultés propres au climat sous lequel il opère.

N'ayant point été satisfait des épreuves auxquelles il a soumis ses appareils pendant l'été de 1906, M. Wellman n'a pas hésité à revenir en France et à sacrifier tout ce qui lui avait paru défectueux ; il a tenu à ne pas imiter Andrée, qui, malheureusement, n'a pas voulu braver l'opinion publique et partit avec un matériel qu'il savait en mauvais état.

Le second ballon qui doit servir en 1907 aura un volume supérieur de 1 000 mètres cubes à celui de l'année précédente qui atteignait déjà 6 300 mètres cubes ; il ne sera plus nécessaire de traîner une grande partie de la provision de pétrole à l'aide de guide-ropes remorquant d'énormes réservoirs traînant sur l'Océan ou sur les banquises.

Une des caractéristiques du dirigeable *Les États-Unis* était d'être armé de deux hélices de grand diamètre, opérant l'une à l'avant et l'autre à l'arrière. Elles étaient actionnées chacune par un moteur spécial, l'un de 70 chevaux et l'autre de 30 seulement. Cette façon de propulser a été considérablement modifiée pour la campagne de l'été 1907. Les hélices, d'un diamètre plus réduit, sont placées l'une à droite et l'autre à gauche de la nacelle. Elles sont actionnées par un moteur unique développant 100 chevaux.

La provision d'essence s'élevant à près de 4 000 litres est entièrement renfermée dans un réservoir tubulaire en acier prolongeant l'axe longitudinal de la nacelle.

Cet approvisionnement a été calculé de façon à couvrir une distance double de celle qui sépare l'île des Danois du Pôle, avec une vitesse réduite de 25 kilomètres à l'heure. En cas de descente forcée et d'insuffisance de pétrole, un attelage de 12 chiens sera embarqué.

Déjà un grand résultat scientifique est dû à la belle tentative de l'année 1906.

Pour la première fois, les terres polaires sont comprises dans le réseau universel de la télégraphie sans fil par le poste d'Haparanda. Quand on le voudra, la nouvelle station communiquera quotidiennement avec les bureaux météorologiques d'Europe et d'Amérique. On y aura des nouvelles du pôle et de l'Équateur. L'état du temps sur tout l'hémisphère boréal sera connu chaque matin en temps utile pour la rédaction des avis de prévision du temps. A lui seul, ce résultat serait digne peut-être de tous les sacrifices faits pour l'expédition Wellman, mais nous sommes persuadés que cette extension des études météorologiques sera loin d'être le seul fruit d'un si grand effort des plus honorables pour la nation et pour la science américaines.

Déjà ce nouveau mode de communication a été inauguré pendant la première campagne de M. Wellman. En effet, c'est par des télégrammes échangés à travers la libre atmosphère entre le navire qui avait amené les membres de l'expédition, lequel était ancré dans la baie de la Virgo et la ville d'Haparanda que le monde entier a su les détails de ce qui se passait au Spitzberg aussi rapidement que si cet archipel faisait partie du réseau télégraphique ordinaire.

Une vie nouvelle semble du reste se développer dans ces régions jusqu'ici considérées comme inhabitables, depuis deux ans on y exploite sans aucune interruption, même l'hiver, une importante mine de charbon, qui occupe une centaine d'ouvriers d'origine américaine.

La clientèle est loin de faire défaut, tout d'abord il faut satisfaire une multitude de bateaux équipés pour la chasse à la baleine et aux phoques.

Il vient également dans ces parages un nombre croissant de navires portant soit des touristes, soit des hommes de science parmi lesquels nous citerons le *Prince de Monaco*.

En outre, la *Princesse-Alice*, navire spécialement aménagé pour l'étude de l'Océan portait cette fois des ballons-sondes et des cerfs-volants à l'aide desquels M. Hergesell, président de la Commission internationale d'Aérostation scientifique, a exploré les profondeurs de l'air polaire.

CHAPITRE XXI

LES DIRIGEABLES APRÈS LA GUERRE FRANCO-ALLEMANDE

Nous avons essayé de faire comprendre par suite de quelles considérations fort sages Henry Giffard n'a pas donné suite à ses projets de construction d'auto-ballons.

D'une part, il n'avait point découvert un moyen pratique pour conserver la permanence de la forme sans employer le ballonnet qu'il trouvait trop compliqué. De l'autre, il lui avait été impossible de condenser la vapeur. Cependant Giffard ne voulait pas l'abandonner comme force motrice, et il ne prit pas en considération une proposition qui lui fut faite concernant l'usage d'une machine à gaz pour propulser les hélices, malgré l'exemple fourni par l'ingénieur viennois Haenlin.

Il n'y avait pas lieu de songer à la force humaine, mais on a commencé en France par s'adresser à la force électrique qui ne vaut pas beaucoup mieux au point de vue absolu. Si elle possède des avantages incontestables, c'est qu'elle permet de réunir dans un même aérostat, pour un temps limité, un effort plus considérable.

La première expérience de navigation aérienne électrique tentée en 1881 à l'Exposition d'Electricité, comme nous l'avons déjà indiqué, donna de superbes résultats parce que la force propulsive était communiquée par un fil.

C'est ce qui détermina les frères Tissandier à faire l'expérience d'un ballon électrique de forme rudimentaire à l'aide duquel ils obtinrent quelque déviation en ascension libre.

Le fait était fort intéressant en lui-même et, pour les spectateurs de bonne foi, il était aussi incontestable que les mouvements volontaires de l'auto-ballon Giffard l'avaient été en 1852. Mais il fallait un élément de certitude de plus, c'était le retour du ballon au point de départ. Le *Tissandier* était hors

Le ballon mobile de Tissandier à l'Exposition d'Électricité.

d'état de fournir cette démonstration. La pile, qui fournissait l'énergie nécessaire, était au bichromate de potasse, sans insufflation; sa force électromotrice décroissait avec une vitesse formidable et de plus le ballon était flasque; aucune combinaison n'avait été essayée pour guérir le vice radical sans lequel il n'y a pas de retour possible au point de départ.

Le mérite inoubliable des frères Renard et de M. Krebs, c'est d'avoir fourni cette démonstration à l'aide du ballon la *France* qui représente une étape nécessaire dans la conquête de l'air.

Ce résultat précieux a été obtenu par la combinaison du ballonnet *Général Meusnier*, avec une pile de durée courte, mais cependant suffisante pour que le ballon pût s'écarter de quelques kilomètres et retourner au point du vaste parc d'où il était parti. Quant aux dispositions des agrès accessoires, nous n'en fournirons pas les détails ; nous dirons seulement que la plupart ont été imitées plus tard ; c'est le meilleur, le plus

Le *Zeppelin* dans son hangard flottant.

éloquent éloge que l'on en puisse faire, mais nous n'y insisterons point.

Nous nous donnerons également bien garde de raconter par le menu le nombre des sorties, des départs ou atterrissages, etc. Cette discussion n'avait d'intérêt qu'à l'époque où les faits allégués pouvaient être considérés comme douteux. Nous laisserons également de côté les moyens plus ou moins approximatifs avec lesquels on avait déterminé la vitesse propre de l'auto-ballon naviguant dans un air calme et dans des circonstances atmosphériques choisies avec un soin remarquable, faisant honneur aux opérateurs, car tous ces détails sont désormais de l'histoire ancienne, et nous n'en sommes plus aujourd'hui à l'enfance de la direction aérienne.

Ainsi que nous l'avons vu, un ancien aéronaute du siège eut une idée géniale ; il devina à l'Exposition de Philadelphie que la machine à explosions de pétrole était le moteur destiné à la construction du dirigeable de l'avenir. Mais ce n'était pas la patrie d'Eugène Farcot qui devait avoir l'honneur d'inaugurer ce mode de propulsion aérienne. C'est au docteur allemand Woelfert, de Berlin, qui fut victime d'une explosion ainsi que son mécanicien Knabe, que nous devons cette courageuse initiative qui lui coûta d'ailleurs la vie. Honneurs soient rendus à ces deux nobles victimes, car l'héroïsme appartient à toute l'humanité !

L'explosion eut lieu à Tempelhof où était alors l'établissement militaire allemand, et les soldats, ainsi que les officiers du bataillon, contribuèrent à la grande expérience avec un zèle que l'on n'a peut-être pas toujours rencontré partout. Ce ballon naufragé avait une capacité de 800 mètres cubes, une longueur de 28 mètres, un diamètre de 8 mètres et une machine à pétrole de 12 chevaux.

Sa forme était analogue à celle de *La France*, comme devait l'être celle du *Santos-Dumont ;* mais, comme nous le verrons, Santos avait débuté par des expériences préparatoires auxquelles le Dr Woelfert, dans son enthousiasme, ne s'était point livré.

La seconde expérience d'un dirigeable à pétrole fut exécutée encore à Tempelhof, et elle fut presque aussi malheureuse. Le Dr Woelfert s'était contenté de renforcer son enveloppe par quelques liens métalliques ; le Dr Schwartz, qui lui succéda, voulut ressusciter le fameux ballon de cuivre qui n'avait fait qu'un saut de Montrouge à la rue de Lappe, en dépit de la prose pâmoisée de ce brave Dupuis Delcourt. La chute fut rapide et terrible, mais l'aéronaute qui était à bord s'en tira sans blessure grave. Le ballon avait dû coûter cher, car le cuivre de l'auteur du premier *Manuel de Navigation aérienne* avait été remplacé par de l'aluminium. L'aéronaute Von Siegsfeld qui, quelques années plus tard, devait périr dans une ascension tragique, exécutée sur les bords de la mer du Nord, avait examiné avec soin l'appareil avant le départ et prédit publiquement la triste issue de l'expérience.

Le *Zeppelin* au-dessus du lac de Constance.

A l'ascension assistait le comte Zeppelin, un des généraux les plus chevaleresques de l'armée allemande. Il avait commencé à se faire connaitre, lorsqu'il n'était que lieutenant. en gagnant les prix réservés au premier officier exécutant un raid sur le territoire français.

Cette performance, qui coûta la vie à tous ses compagnons et aux suites de laquelle il échappa avec peine après avoir erré trois jours dans les bois, peint le caractère de l'homme. Mais, dans la conception qu'il imagina en présence de l'échec du D' Schwartz, le comte sut en premier lieu se préoccuper du soin d'assurer la stabilité. Il imagina un procédé fort ingénieux : c'est de donner à son ballon deux couples de deux moteurs dont un soit placé à chaque bout.

Les hélices étaient de petit diamètre et elles devaient tourner avec une grande rapidité.

Avec le moteur à explosions de pétrole, ce n'est point un inconvénient, au contraire, c'est un avantage, c'est l'allié naturel de la victoire. Pour obtenir les rotations lentes de grandes hélices, il faut introduire des engrenages engendrant des pertes de force et qui chargent inutilement le ballon.

C'est l'idée de la carapace métallique qui fut fatale à la combinaison du comte Zeppelin qui accoucha d'un dirigeable immense ayant plus de 100 mètres de longueur.

Ce n'était point à proprement parler un ballon, mais une série de ballons sphériques contenus dans la cage qui les renfermait tous.

La manœuvre de cet aérostat gigantesque exigeait des précautions multiples et des manipulations d'une complication si grande qu'elles ont fait le plus grand honneur aux aéronautes allemands qui les ont exécutées. Elles ont été effectuées avec le plus grand luxe et l'on a consacré à ces gigantesques efforts plusieurs millions. Lui-même, l'inventeur y a laissé une partie de sa fortune. Le roi de Wurtemberg a encouragé l'entreprise de sa présence et de ses deniers; l'empereur d'Allemagne a récompensé le comte Zeppelin en le décorant de l'Aigle Rouge.

Afin de diminuer les risques, on avait construit sur le lac de Constance un immense hangar flottant qu'un steamer remorquait de façon que le *Zeppelin* n'avait plus qu'à entrer dans sa *boîte*.

On ignore quelles seraient les dimensions que les constructeurs des auto-ballons de l'avenir donneront en *France*, en *Allemagne* ou aux *États-Unis*, mais celles du *Zeppelin* nous paraissent fort exagérées pour l'état actuel de notre industrie aérienne. Il restera encore un fait saillant à la suite de ces expériences. Le steamer qui faisait le service du

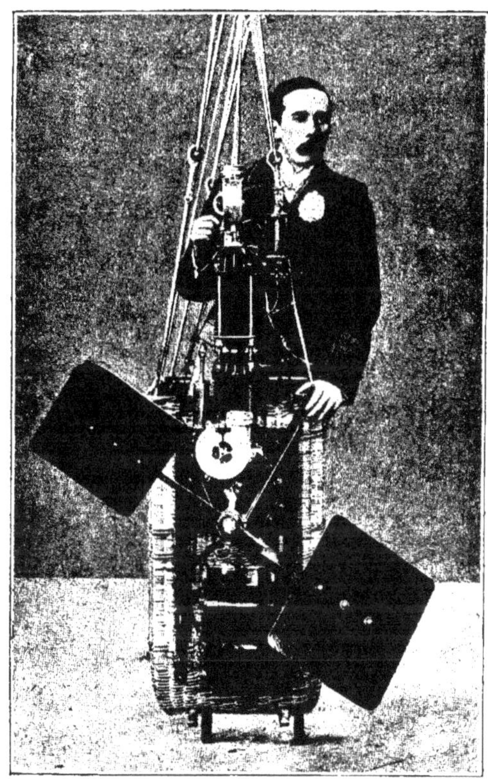

Santos-Dumont dans la nacelle de son premier dirigeable au Jardin d'Acclimatation en 1898.

hangar n'avait point une hélice immergée dans l'eau, c'était par un propulseur aérien qu'il était remorqué.

Cependant nous devons ajouter qu'à la suite de transformations et d'améliorations nécessaires, le *Zeppelin* a réussi en 1906, à deux reprises différentes, à contourner le lac de Constance, en deux heures environ.

Les enthousiastes allemands n'hésitent pas à déclarer que leur navire de guerre aérien fait preuve dans ses trop rares performances de vitesse et de stabilité supérieures au *Lebaudy*.

L'empereur d'Allemagne a autorisé une loterie nationale destinée à fournir les fonds nécessaires à l'amélioration de cette nouvelle unité de combat.

Si nous voulons être complet dans notre revue, nous devrons nous préoccuper d'inventeurs qui semblent se disputer le record de la hardiesse.

Nous avons connu un ouvrier mécanicien ingénieux qui a passé sa vie à construire des ballons-tunnels, au centre desquels devait évoluer une hélice motrice. Cet infortuné, ruiné à plate couture, est en train de finir ses jours dans un asile municipal où il a été recueilli à l'âge de quatre-vingts ans. Il a construit presque autant de modèles que M. Santos; cependant, il n'a même pas pu quitter une seule fois le sol pendant plus de cinquante ans de travaux non interrompus.

Quant à M. Santos-Dumont, il a donné dans la première partie de sa carrière aéronautique un des plus beaux exemples que l'on puisse citer de persévérance dans l'accomplissement d'une idée. De même que le comte Zeppelin, il n'a pas été détourné de son but par la catastrophe de Berlin, ni même par les chutes nombreuses auxquelles il a échappé par son sang-froid et par sa dextérité.

Voulant créer l'automobile aérien, il a commencé par devenir à la fois un aéronaute et un chauffeur distingué; après quelques essais, il a adopté un modèle qu'il a diminué autant que possible et ramené aux proportions de sa stature qui n'est point très élevée; ce qu'il y a de particulier dans ses tentatives, c'est qu'il est à la fois son pilote et son mécanicien. Il doit veiller sur son gouvernail, sur son hélice et sur les ventilateurs de son ballonnet. Un écrivain, spirituellement, l'a comparé à l'homme-orchestre que l'on voit quelquefois donner un concert dans les rues de Paris.

Les débuts de direction aérienne eurent lieu dès 1898 au

Santos-Dumont doublant la Tour Eiffel.

Jardin d'Acclimatation. Il avait fait construire, à cet effet, un minuscule aérostat, et il avait fait appel pour la propulsion au moteur à pétrole en usage courant à cette époque. Il l'avait simplement fixé aux parois de sa nacelle. Quoique imparfait, ce procédé rudimentaire lui suffit pour obtenir quelques résultats suffisamment encourageants pour l'engager plus avant dans la carrière où il devait conquérir tant de gloire.

Dès 1900, il se sentait prêt et le Comité de l'Exposition Internationale de cette année est loin d'avoir obéi à une inspiration heureuse lorsqu'elle lui a refusé de le laisser participer aux concours de l'Exposition de Vincennes ; mais l'intrépide Brésilien ne devait pas tarder à prendre sa revanche. Frappé des avantages qu'il y aurait à fournir aux inventeurs de dirigeables des encouragements proportionnés à l'importance du but qu'ils poursuivaient, un de nos plus opulents industriels créa un prix de 100 000 francs en faveur du premier aéronaute parvenant à doubler la Tour Eiffel en partant du parc de l'Aéro-Club à Saint-Cloud. M. Deutsch de la Meurthe avait voulu de plus que ce trajet formant une longueur totale d'environ 8 kilomètres fût effectué en un maximum de trente minutes.

Une Commission composée des diverses notabilités sportives et scientifiques fut chargée de contrôler les opérations des concurrents et de constater si toutes les clauses étaient bien remplies.

Après un certain nombre d'essais infructueux, mais dans lesquels il était facile de voir que de simples perfectionnements de détails suffiraient pour atteindre le but si désiré, le grand jour du triomphe arriva.

C'est le 19 octobre 1901 que Santos doubla la Tour Eiffel en exécutant le parcours désigné par M. Deutsch dans le temps qu'il avait marqué.

Tout, dans cette circonstance solennelle, excita l'attention publique. L'importance de la prime fut rendue encore plus mémorable par le désintéressement avec lequel le lauréat se dépouilla lui-même en faveur des pauvres de Paris et des coopérateurs qui l'avaient aidé avec un infatigable dévouement.

Mais ce prix de 100 000 francs ne fut pas décerné au vaillant Brésilien sans discussion ardente entre les différents membres de la Commission. Il avait été entendu que les trente minutes accordées pour faire le trajet compteraient au moment

précis où le guide-rope du dirigeable quitterait le sol et
seraient arrêtées lorsque ce cordage reviendrait à terre ; la
Commission n'avait pas prévu l'éventualité qui se produisit au
retour : pour éviter les arbres qui bordent le parc aérostatique, Santos-Dumont avait accru l'altitude de son véhicule de
telle manière que la corde traversa l'aérodrome sans que personne ait pu la saisir. Lorsqu'il put maîtriser son élan et
revenir au point de départ, trente secondes supplémentaires
avaient été ajoutées aux trente minutes écoulées. Il en résultait qu'un certain nombre de personnages, trop enclins à ne

Le *Santos-Dumont* dans la baie de Monaco.

considérer que la lettre du règlement, contestèrent la victoire
du lauréat de cette grande journée. La Commission dut se
réunir pour discuter la question, elle finit par déclarer à
l'unanimité, que le prix devait être remis au concurrent.
Elle se basa sur les points suivants : 1° La trente et unième
minute n'était pas entamée lorsque le guide-rope put être
touché ;

2° Qu'en réalité, le passage au Zénith du Parc de l'Aéro-Club
avait été constaté authentiquement trente secondes avant que
le temps accordé ne fût écoulé.

Cette décision apaisa de violentes polémiques qui se terminèrent en l'honneur du Comité.

Désireux de continuer la série de ses triomphes, Santos-
Dumont se rendit à Monaco dont le prince est dévoué aux

sondages aériens, aussi bien qu'aux sondages océaniques.

Les *Santos-Dumont* ont une construction élégante. En effet, les fils d'archal qui descendent de la nacelle donnent un grand air de coquetterie au navire aérien. Il y a quelque chose d'uniforme dans cette silhouette. Malheureusement, l'ensemble pèche par le défaut de stabilité. Il n'est pas même besoin d'un faux coup de barre pour que le léger esquif se précipite sur le sol la tête la première.

Santos-Dumont a éprouvé plus d'une fois des effets de ce genre lorsque, dans ses essais préliminaires, son ballon est tombé sur les arbres du parc de M. de Rothschild, près de Bagatelle.

A peine avait-il commencé ses promenades sur le golfe que le petit navire aérien fit la cabriole.

L'intrépide aéronaute était peut-être perdu, malgré la médaille de Saint-Benoit dont une princesse brésilienne lui avait fait cadeau.

Mais le prince de Monaco avait eu l'idée de se rendre audevant de lui, et arriva juste assez près de l'émule de Phaéton qui se décrochait du ciel, pour l'empêcher d'être englouti. C'est un genre nouveau de rallye-ballons auquel on ne paraît point avoir encore songé.

Depuis cette époque, les raids aériens de M. Santos-Dumont ne sont pas rares, mais n'ont plus la même importance. On cite de lui beaucoup de constructions. Il en est arrivé, paraît-il, à son numéro 14, ce qui serait ruineux pour toute autre bourse que celle d'un roi du café. Mais la presse n'a enregistré de sa part qu'une performance éclatante, celle du 14 juillet 1904, lorsqu'il fit le tour (?) de l'hippodrome de Longchamp en présence du Président Loubet et au milieu d'acclamations enthousiastes. Après cette démonstration, M. Santos-Dumont déclara qu'il mettait au service de la République sa flottille aérienne, à moins que ce ne fût pour faire la guerre à sa lointaine patrie. Le Ministre nomma une Commission pour se rendre compte de ce que valait un cadeau dont le principe était accepté aussi gracieusement qu'il a été donné.

Depuis lors, ce n'est plus que comme inventeur d'un aéroplane dirigeable qu'il a été question de ses nouveaux travaux.

Mais dans cette seconde spécialité, il ne tarda pas à se distinguer aussi brillamment que dans la première.

A la fin de juillet 1905, il commença par se rendre compte de l'allégement qu'il produisait à l'aide de ses hélices. Dans ce but, il attacha son aéroplane à moteur à un de ses dirigeables, il put ainsi apprécier le supplément de force ascensionnelle que cette combinaison lui permettait de réaliser.

En 1906, il tendit un fil incliné entre deux poteaux éloignés d'une soixantaine de mètres ; il essaya de remonter la pente au moyen de son appareil qu'il attacha à l'aide d'un fil vertical muni d'une roulette à sa partie supérieure.

Toutes ses études préliminaires s'étant terminées à son entière satisfaction, M. Santos-Dumont convoqua la Commission de l'Aéro-Club à une expérience décisive qu'il exécuta le 23 octobre 1906 à Bagatelle, propriété municipale située dans le Bois de Boulogne.

Au grand émerveillement des spectateurs, on vit son aéroplane monté sur roues auquel son moteur avait imprimé une vitesse horizontale d'environ 10 mètres par seconde, continuer sa route en s'élevant progressivement dans les airs, dès que M. Santos-Dumont eut convenablement incliné son gouvernail. Il parvint ainsi à une hauteur de 4 ou 5 mètres, et parcourut une trajectoire de plus de 60 mètres.

C'est la première fois qu'un homme parvenait à quitter le sol par ses propres moyens et méritait le nom d'homme-oiseau que M. Santos-Dumont a réclamé à bon droit.

M. Archedeacon avait fondé un prix de 1500 francs que cette prouesse assura au nouvel aviateur. L'émotion fut universelle, au moins aussi grande que celle qui éclata lors de l'obtention du prix Deutsch ; l'Aéro-Club offrit à M. Santos-Dumont un banquet que présida lui-même le fondateur du prix qui venait d'être remporté.

Toutes les sociétés savantes s'occupant de la conquête de l'air ont adressé leurs félicitations à M. Santos-Dumont, qui, loin de se reposer sur ses lauriers, procède à de nouvelles expériences et veut mériter le prix Deutsch-Archedeacon.

Cette prime, d'une valeur de 50 000 francs, est destinée à l'aviateur qui aura couvert une distance de 500 mètres et reviendra au point de départ.

Dans ses derniers essais, le lauréat du prix Archedeacon est déjà parvenu à voler pendant plus de 200 mètres. Pour remplir les conditions du programme, il a l'intention de décrire avec son aéroplane un cercle d'un grand rayon, mais il ne peut exécuter ses expériences préliminaires qu'en évoluant au-dessus d'une plaine d'une étendue considérable. Aussi a-t-il demandé au conservateur du Bois de Boulogne, de mettre à sa disposition le champ de course de Longchamp. Présentement, M. Santos n'a pas encore reçu de réponse, mais nous avons tout lieu de croire qu'elle sera favorable ; en effet, il est constant que l'intrépide aéronaute a ouvert une voie nouvelle qu'il est important d'étudier à fond.

On doit supposer que, comme l'a fait déjà son dirigeable, l'aéroplane de M. Santos-Dumont suscitera un grand nombre de constructions analogues. Déjà le grand journal anglais, le *Daily-Mail*, a provoqué un mouvement analogue, en créant un prix de 250 000 francs réservé à l'aviateur qui, partant de ses bureaux de Londres, y reviendra sans avoir atterri, mais, après avoir plané au-dessus de Manchester.

Santos-Dumont à bord de son aéroplane, le 23 octobre 1906.

Après la conquête du prix Deutsch en dirigeable, le ciel de Paris aurait paru dessiné par Robida si tous les esquifs aériens projetés avaient pu être lancés simultanément dans l'espace. Mais presque heureusement l'immense majorité de ces projets ne reçurent même pas un premier commencement d'exécution ; quelques-uns, comme les deux ballons jumeaux de Colombes, furent construits à grands frais, copieusement exhibés, soigneusement gonflés avec l'hydrogène le plus pur, mais se refusèrent obstinément à quitter le sol le jour qui avait été assigné à leur gloire. Pour les punir, les actionnaires courroucés refusèrent de les laisser vendre à l'encan où ils auraient trouvé d'autres amateurs d'utopies nuageuses, ils préférèrent les lacérer ignominieusement sur place, peut-être chacun en emporta-t-il un lambeau à titre de leçon et de reliques.

Malheureusement nous avons à signaler d'autres tentatives qui, sans être beaucoup plus rationnelles, ont eu une issue tragique. Deux aérostats de grande dimension furent lancés à quelques mois de distance d'une de nos principales usines parisiennes, dans l'Océan atmosphérique.

J'ai été appelé, hélas! à retracer l'histoire de ces drames poignants dans le numéro du 15 janvier 1903 de la *Revue des Deux Mondes*, sous le titre de *Catastrophes et Progrès*.

Nous racontions que Severo, compatriote de Santos-Dumont, était parti le 12 mai 1902 de Vaugirard avec son mécanicien Saché. Ce qui distinguait le dirigeable *Le Pax* c'est que l'ingénieur Severo avait eu l'imprudence d'accoler son moteur à l'enveloppe de l'aérostat dans le but de rapprocher le centre de l'action dynamique du centre de gravité. Cette imprudence lui coûta la vie : dès que la machine commença à chauffer une explosion formidable se produisit, le ballon déchiré et en feu tomba vertigineusement de 800 mètres au milieu de l'avenue du Maine, heureusement peu encombrée à l'heure matinale de l'expérience.

Les deux seules victimes furent les malheureux aéronautes qui furent retrouvés broyés et brûlés au milieu des débris de leur nacelle.

L'émoi de cette lamentable catastrophe était encore pré-

La catastrophe du *Pax* de Severo.

sent à tous les esprits lorsque de la même usine on vit sortir le 13 octobre un très élégant dirigeable dont la création était due à un noble ingénieur hongrois, le comte de Bradsky. Il gouvernait facilement et se dirigeait, semblait-il, du côté de Saint-Denis. Notre compatriote Morin, pilote de cet auto-ballon, put faire signe à des suiveurs que tout allait bien à bord et l'ascension faillit se terminer sans incident dans des terrains vagues avoisinant Saint-Ouen. Cependant M. de Bradsky, désireux de se rendre compte du fonctionnement de ses différents organes, donna l'ordre de gagner une altitude un peu plus élevée; le navire aérien obéit trop brutalement, il en résulta une perte d'équilibre qui fit peser la nacelle sur une faible partie des fils de suspension. Ces fils en corde à piano auraient peut-être supporté cet effort hors de proportion avec leur résistance, mais les ligatures faites avec peu de soin cédèrent les unes après les autres. Quelques secondes à peine suffirent pour séparer l'enveloppe et le chargement : la nacelle fut précipitée à terre d'une centaine de mètres à peine; mais comme rien n'avait tempéré la chute, les deux victimes furent brisées sur le sol.

Je terminais cet article écrit alors que j'étais encore sous le coup de l'émotion, en rendant hommage au courage des victimes de ces catastrophes. Je faisais pressentir qu'elles seraient utiles, par leurs causes mêmes, au progrès de la navigation aérienne et je faisais appel à un prochain avenir.

A peine ces pages étaient-elles sous les yeux du public que le monde entier commençait à s'entretenir du résultat des magnifiques et décisives expériences que nous allons décrire.

CHAPITRE XXII

LES ASCENSIONS DU « LEBAUDY »

C'est dans le courant de l'année 1899 que MM. Lebaudy frères, directeurs de la raffinerie de la rue de Flandre à la Villette, résolurent d'employer leurs fortunes et leur expérience à la construction d'un ballon dirigeable dont les plans fussent conformes aux principes scientifiques appliqués dans la solution des problèmes industriels. Comme Santos-Dumont, ils prirent pour base de leurs recherches la machine à pétrole, de sorte que l'œuvre à laquelle ils ont attaché leur nom peut être considérée comme étant la construction de l'automobile aérien. Ce qui explique leur succès, c'est que depuis l'origine des travaux dans lesquels ils ont dépensé plus d'un million, ils ont eu le désir de réaliser un aérostat de forme allongée, possédant une grande stabilité et offrant une rigidité suffisante pour résister à la pression de l'air, sans avoir besoin d'employer la carcasse métallique qui avait été si funeste à un si grand nombre d'inventeurs. Leur appareil doit former un bloc résistant comme le corps des oiseaux, et leurs propulseurs sont au nombre de deux, l'un à bâbord, l'autre à tribord.

On voit que si la plupart de ces principes généraux sont les mêmes que ceux de Henry Giffard, ils en diffèrent d'une façon essentielle.

Comme eux, l'illustre ingénieur voulait avoir un ballon indéformable, mais il cherchait à obtenir ce résultat à l'aide de la construction de son filet, au lieu d'avoir recours au ballonnet du *Général-Meusnier*, dont il s'imaginait qu'il était possible de se passer. Les *Lebaudy* se distinguent des ballons qui les ont précédés non seulement par le moteur, mais par la position et le nombre des propulseurs. Ils emploient deux gouvernails, l'un pour obtenir les mouvements suivant la verticale, et l'autre devant pourvoir aux mouvements latéraux. Pour éviter autant que possible les effets de roulis et de tangage, l'aérostat est muni de surfaces verticales planes et saillantes.

Le premier modèle ne fut mis en expérience qu'au mois de novembre 1902, après quatre ans de recherches et de calculs exécutés par M. Julliot, ancien élève de l'École Centrale, depuis longtemps l'ingénieur en chef de leur usine.

Les succès obtenus par Santos-Dumont avaient démontré la puissance de la machine à pétrole, et les accidents dont cet intrépide aéronaute avait failli être victime avaient constaté le défaut rédhibitoire des constructions aériennes auxquelles son nom restera cependant perpétuellement attaché. En effet, son éclatant succès a montré aux yeux de tous les chercheurs intelligents la voie dans laquelle le ballon automobile doit être aiguillé. Aveugles sont les inventeurs qui, après avoir assisté aux résultats acquis par M. Julliot, vont chercher la solution de la direction aérienne dans des combinaisons fantaisistes dont l'énumération remplit presque tous les ouvrages et les journaux spéciaux.

On ne saurait trop insister sur ce fait que le succès du *Lebaudy* est dû à deux causes. La première est la haute position industrielle des deux directeurs de la raffinerie de la Villette, dont l'aîné représente le département de Seine-et-Oise depuis une quinzaine d'années. En second lieu, à la méthode d'études qui a été appliquée à la solution d'un des plus difficiles problèmes de la mécanique moderne.

Évidemment il est impossible de deviner quels seront les progrès de la science et de l'industrie.

Peut-être la machine à pétrole sera-t-elle remplacée par un moteur plus léger, plus simple et plus puissant dont nous n'avons aucune idée. Peut-être nos successeurs mettront-ils au service de la navigation aérienne des forces que nous

Un *Lebaudy* à la Galerie des Machines.

ignorons. Qui sait si l'enveloppe légère et résistante que MM. Lebaudy ont eu tant de peine à se procurer ne cédera point la place à un tissu encore plus merveilleux ; mais quels que soient le nombre et la valeur des progrès que nous serons peut-être appelés à constater, le mérite des inventeurs du ballon dont nous racontons l'histoire n'en sera pas diminué, bien au contraire, il n'en sera qu'augmenté et même multiplié. En effet, est-ce que la juste réputation des Montgolfiers et des Charles est diminuée par celle des Santos-Dumont et des Lebaudy qui ont rendu vulgaires les performances des ballons dirigeables, auxquelles ces créateurs de la navigation aérienne

n'avaient fait que rêver. En effet, les ballons et les montgolfières, sous leur forme la plus simple, n'ont pas cessé d'être en
usage, et la création des automobiles aériens ne fera qu'en
augmenter le nombre et rendre leur emploi plus intéressant.

Les essais du *Lebaudy* ont eu lieu d'une façon aussi méthodique que sa construction. On a commencé par les exécuter en
attachant le dirigeable au bout d'une corde de 500 mètres,
reliée à des massifs de maçonnerie que l'on avait pris soin de
distribuer dans les environs du hangar où le ballon était
abrité dans l'intervalle des opérations et dont la construction
a été étudiée avec intelligence. On l'a placé au centre d'un
pays boisé, peu habité, situé sur les bords de la Seine et où
MM. Lebaudy possèdent d'immenses propriétés. Le fond du
hangar est au même niveau qu'une tranchée qui en sort et
qui conduit à une sorte de plate-forme dans laquelle le ballon
peut évoluer pour se mettre dans le lit du vent.

La nacelle, qui est adhérente à l'enveloppe à l'aide de tubes
d'acier, est terminée par une sorte de béquille dont l'extrémité est une sphère et qui pénètre entre deux rails destinés à
faciliter ses mouvements lors de la rentrée au port ou de sa
sortie.

La rigidité absolue du ballon est en outre obtenue par une
cornière en tubes métalliques à laquelle l'enveloppe est soigneusement cousue. Quant à la forme générale, il est facile de
voir qu'elle n'est pas symétrique et que la maitresse section
est plus rapprochée de l'avant et de l'arrière qui se prolonge
en queue de poisson et se termine par le double gouvernail.

⁎

Dès l'origine de leurs expériences, MM. Lebaudy ont
choisi comme pilote de leur ballon M. Juchmès, jeune aéro-

naute, aujourd'hui âgé de trente-deux ans, dont la grande habileté s'est déjà fait apprécier lors des concours de l'Exposition de 1900 et qui appartenait aux ateliers aérostatiques de l'ingénieur Surcouf, constructeur du premier aérostat de ce type désormais célèbre.

C'est le 13 novembre 1902 que l'on détacha les cordes qui

Le 1er *Lebaudy*, surnommé le *Jaune*, évoluant au-dessus de la forêt de Moisson.

retenaient le *Lebaudy* captif et que l'on commença la série des évolutions en air libre.

On exécuta ainsi une suite d'ascensions dans lesquelles le ballon parvint toujours à revenir au point de départ. En outre, au cours de ces essais dont la durée n'était pas très considérable, et qui ne s'étendaient encore que sur un petit nombre de kilomètres, le pilote décrivait tantôt une route circulaire et tantôt des trajectoires en forme de huit. La parfaite dirigeabilité du ballon était donc constatée d'une façon scientifique et indéniable par une foule de spectateurs, car les habitants des régions voisines prenaient déjà l'habitude de se rendre dans les environs du hangar, afin d'assister aux évolutions du dirigeable qu'ils baptisèrent du sobriquet de *Jaune* à cause de la couleur de son étoffe.

Ces beaux résultats, obtenus par le *Lebaudy* dès ses premiers débuts, attirèrent forcément l'attention du Ministère de la Guerre qui faisait tant d'efforts depuis une vingtaine d'années et dépensait tant de millions pour atteindre le même but. Il s'intéressa de très près aux travaux du nouveau ballon et il fit en outre envoyer à Moisson une voiture-tube afin de ravitailler l'aérostat sans avoir à se servir des appareils du hangar.

Ajoutons que dès cette époque, M. Voyer, capitaine du génie, fut attaché à l'étude des évolutions du *Lebaudy*.

Les expériences furent naturellement arrêtées pendant l'hiver et reprises en 1903, au mois d'avril, après un nouveau gonflement fait avec un gaz dont la pureté avait été améliorée. Ce progrès est de la plus haute importance. En effet, non seulement le gaz impur est plus lourd que l'hydrogène parfait, mais il est généralement imprégné par des acides dont le contact continu diminue la résistance de l'étoffe, malgré les précautions prises pour la protéger.

Ce n'est qu'à la fin de l'année 1903 que le *Lebaudy* se montra aux Parisiens. Il le fit dans des circonstances inoubliables.

Les deux premières campagnes durèrent chacune soixante-dix jours. La première commença le 1ᵉʳ avril et se compose de 9 sorties. La seconde débuta à la fin de juin et n'en comprend pas moins de 14 autres.

Parmi ces excursions, nous citerons celle de la journée du 29 mai, pendant laquelle le *Lebaudy* alla, malgré la pluie, rendre visite à la ville de Mantes et se montra au château de Rosny avant de regagner le hangar de Moisson.

Nous citerons encore l'ascension du 14 juillet qui eut lieu le jour de la Fête nationale et prouva aux populations paisibles de ces régions que la République avait à sa disposition, si l'aveuglement des nations étrangères obligeait d'y avoir recours, une arme terrible pour repousser les invasions; celle du 5 juillet dans laquelle les évolutions eurent lieu devant une Commission dont j'avais l'honneur de faire partie et qui avait été envoyée par l'Aéro-Club. Autant que l'on en put juger de terre, les manœuvres furent exécutées avec une grande précision. Je regrettai que l'on ne pût m'admettre dans la nacelle; mais, à cette époque, les propriétaires du *Lebaudy* ne se considéraient pas comme assez sûrs de leur navire aérien pour y introduire des étrangers. Je ne crus pas devoir insister et j'acceptai de bonne grâce une fin de non-recevoir que je trouvais exagérée.

Nous citerons encore une expérience fort curieuse : celle du 24 juillet pendant laquelle le *Lebaudy* fit sans s'arrêter 98 kilomètres de 5 h. 10 à 7 h. 50, c'est-à-dire en 166 minutes, ce qui donne une moyenne d'environ 1 kilomètre en 90 secondes. On a calculé que, sans s'interrompre, le moteur avait fait 147 398 tours, près de 150 000. Ces chiffres ont une véritable éloquence et après les avoir constatés, le voyage à Paris fut considéré comme praticable. Mais avant de se lancer dans cette aventure, où pour la réputation du navire aérien il fallait triompher à tout prix, M. Julliot jugea à propos de procéder à la revision générale de tous les agrès et de remplacer les parties de l'étoffe qui n'étaient point parfaites. De plus, on fabriqua à nouveau une quantité de gaz hydrogène pour remplacer celui qui venait d'être utilisé pendant si longtemps et dont le poids spécifique se trouvait légèrement augmenté.

Enfin MM. Lebaudy ne se bornèrent point à faire laver leur ballon avec de l'ammoniaque et à remplacer les parties

avariées de l'étoffe, ils firent coudre une série de galons blancs
qui donnèrent à leur navire aérien un certain air de coquetterie. C'était une faible réminiscence des décorations que, dans
les premiers temps de la navigation aérienne, on donnait aux
montgolfières et aux aérostats. Ces travaux, ainsi que la
refonte de la batterie de production d'hydrogène et la préparation de 3 500 mètres cubes, employèrent constamment un
personnel de 40 ouvriers ou ouvrières. Les hommes étaient
dressés aux manœuvres nécessaires pour appareiller aussi
bien que pour atterrir. Ils étaient devenus le complément
indispensable du ballon ; presque tous, en temps ordinaires,
étaient attachés aux travaux de la culture dans les environs
de l'Aérodrome.

Vers le commencement de novembre le navire aérien était
prêt à reprendre son vol ; cependant avant de donner le signal
de cette sensationnelle randonnée on décida qu'il y aurait
une ascension préliminaire d'inspection générale.

Cette expérience mémorable, qui était la trentième depuis
l'origine des essais du *Lebaudy*, fut exécutée le dimanche
8 novembre à midi, devant un public que l'on avait convoqué
à l'avance et qui comprenait l'état-major et plusieurs hommes
du bataillon d'aérostiers militaires en garnison à Versailles.

Après une série d'évolutions, le pilote Juchmès se déclara
satisfait et prêt à entreprendre la grande excursion à laquelle
on rêvait depuis quelque temps. M. Paul Lebaudy, prévenu de
ces excellentes dispositions, téléphona à Moisson l'ordre à
l'aérostat de venir le rejoindre à Paris.

Le pilote Juchmès obéit avec une précision qu'aucun
capitaine marin n'aurait surpassée. Cette performance signi-
ficative fut faite le jeudi 12 novembre. Il y avait juste un an,
jour pour jour, que le *Lebaudy* avait procédé à ses premières
manœuvres en plein Océan aérien.

C'est une circonstance absolument indispensable pour que l'on puisse juger du mérite de tout navire aérien, car un ballon qui tient au sol ou à la mer comme l'*Œrnen*, l'aérostat d'Andrée, ou le *Méditerranéen*, n'est plus véritablement un ballon. Ses performances auront toujours un caractère précaire qui interdira d'y compter sérieusement.

M. Juchmès quitta le hangar de Moisson à 9 h. 20 du matin. Le vent était assez rapide. Il soufflait avec une vitesse de 6 mètres par seconde vers le Nord. Il prenait donc le dirigeable par le travers.

Pour combattre cette déviation, M. Juchmès tint constamment la barre vers bâbord, et il donna l'ordre au mécanicien Rey de laisser prendre à son moteur toute la force qu'il était susceptible de développer sans danger.

Bientôt, il distingua dans la brume la haute silhouette de la Tour Eiffel qui indiquait le but du voyage et rendait leur navigation aérienne vers Paris éminemment facile. Ce monument semble destiné à faire de la capitale de notre République le premier port d'air du monde. C'est en mettant le cap sur ce signal qu'il coupa à plusieurs reprises le cours de la Seine. Il entra dans le Champ-de-Mars par la porte de Passy, doubla la Tour Eiffel et alla atterrir entre la rue Transversale et le Palais des Machines. Il était onze heures une minute. L'ascension avait duré 101 minutes pendant lesquelles le *Lebaudy* avait fait 51 kilomètres en ligne droite. C'était certainement plus de 60 en comptant les détours.

Comme l'on n'avait annoncé le départ du *Lebaudy* ni aux Sociétés aéronautiques, ni aux journaux, MM. Julliot et Paul Lebaudy se trouvaient presque seuls au Champ-de-Mars à l'arrivée. Cependant les manœuvres de l'atterrissage n'eurent pas seulement pour témoins ces deux personnages et les ouvriers qui étaient venus de Moisson en automobile. La vue du ballon célèbre, fut suffisante pour attirer une foule qui applaudit avec un enthousiasme bien facile à comprendre. Je ne fus pas un des derniers à être averti par la rumeur publique, mais je ne fus pas non plus un des premiers. Lorsque j'arrivai, il était trop tard pour assister à une scène incroyable à laquelle avait donné lieu l'obstination d'une poignée d'employés voulant s'opposer à ce que le ballon, qui venait d'accomplir cette performance, reçût l'hospitalité dans la Galerie des Machines. Ces fonctionnaires se retranchaient derrière le défaut d'autorisation de pénétrer dans un local voué à une prochaine démolition.

L'indignation fut si vive qu'ils n'osèrent continuer la résistance lorsque M. Paul Lebaudy leur eut remis un papier dans lequel il déclarait qu'il se considérait comme indéfiniment responsable des conséquences de l'exécution de l'ordre qu'il donnait. Alors les ouvriers se mirent en devoir de démonter la nacelle. En déplaçant un châssis, l'on put glisser le *Lebaudy* sur le plancher du premier étage où il passa la nuit à l'abri des intempéries de l'air. Le lendemain matin, les ouvriers revinrent et le *Lebaudy* se trouva installé au milieu de ce monument si utile, dont on ne peut faire un usage quelconque sans exaspérer ceux qui veulent y substituer des maisons de rapport.

Le Ministre de la Guerre était alors le général André, esprit ferme, passionnément patriotique et comprenant à merveille l'importance du rôle que pourrait jouer dans notre armée, un engin que toutes les nations ambitionnaient en vain jusqu'alors. Il envoya au Palais des Machines une voiture-tube pour rendre au *Lebaudy* le gaz qu'il avait perdu.

La population parisienne eut la plus grande facilité d'accès auprès de cette merveille aérostatique ; elle en profita largement, toutes les notabilités et une grande partie de la classe ouvrière franchirent les portes de l'édifice, on aurait pu se croire revenu à l'apothéose de 1889.

Après un séjour d'environ une semaine dans cette nef dont la location et la remise en état revint à plus de 10 000 francs à MM. Lebaudy, l'aérostat reprit son vol et gagna facilement, malgré un vent violent, le parc aérostatique de Chalais-Meudon, étape prévue lors du retour à Moisson, et dont les officiers de Meudon étaient prévenus et présents à l'arrivée.

Malheureusement, lorsque Juchmès sifflait pour appeler ses aides, l'appel était mal compris et le ballon toucha terre sans que les cordages aient été saisis au moment utile. A cet instant critique, un coup de vent

L'accident du *Lebaudy* n° 1 à Meudon.

s'éleva et comme la machine était arrêtée, le ballon fut précipité sur un bouquet d'arbres où il fit explosion.

Juchmès et Rey eurent à peine le temps de s'aplatir dans leur nacelle avant d'être recouverts par l'étoffe. Les soldats se précipitèrent et purent rapidement les retirer sains et saufs. Quant au ballon il rentra en chemin de fer à Moisson où il fut réparé.

***

Les incidents de la campagne suivante, en 1904, furent encore plus démonstratifs et achevèrent de détruire le mauvais effet produit sur le public ignorant par la catastrophe de Chalais. Le *Lebaudy* multiplia ses évolutions et emmena de nombreuses personnes étrangères à son équipage au nombre desquelles nous citerons M. et Mme Lebaudy, et quelques notabilités aéronautiques ; il y eut jusqu'à 6 personnes à bord à la fois ; pendant les nombreuses évolutions qu'il exécuta, M. Juchmès s'attacha à gagner de plus en plus en vitesse et en altitude, il se préparait à affronter les épreuves de 1905, année qui sera comptée dans l'histoire de l'aéronautique comme celle ayant présidé à l'inauguration officielle des vrais dirigeables de guerre.

Cependant les brillantes expériences de 1904 furent terminées à l'improviste : on apprit un jour à Paris que le *Lebaudy*, ayant échappé à son équipage au moment d'un atterrissage près du hangar, venait de disparaître emporté par le vent.

Mais le public anxieux fut bien vite rassuré ; le fugitif fut retrouvé à peu près indemne dans le bois de M. le comte de Beaumont à 70 kilomètres de Moisson.

Cet incident, qui aurait pu être gros de conséquences, prouva péremptoirement les qualités exceptionnelles du *Lebaudy* et on comprit dès lors que ces ballons pouvaient atteindre une altitude élevée et en redescendre sans avarie. Cette conviction, qui fut plus tard établie officiellement à Toul, enlevait un des principaux arguments à ceux qui prétendaient que cette invention serait inutilisée sur un champ de bataille, à cause de la trop grande proximité du sol.

*
* *

La campagne de 1905 commença avec un ballon complètement remis à neuf et auquel on ajouta une certaine quantité de fuseaux, ce qui porta son volume de 2 660 mètres cubes à 2 950. D'autre part, la puissance du moteur fut augmentée d'environ 25 p. 100.

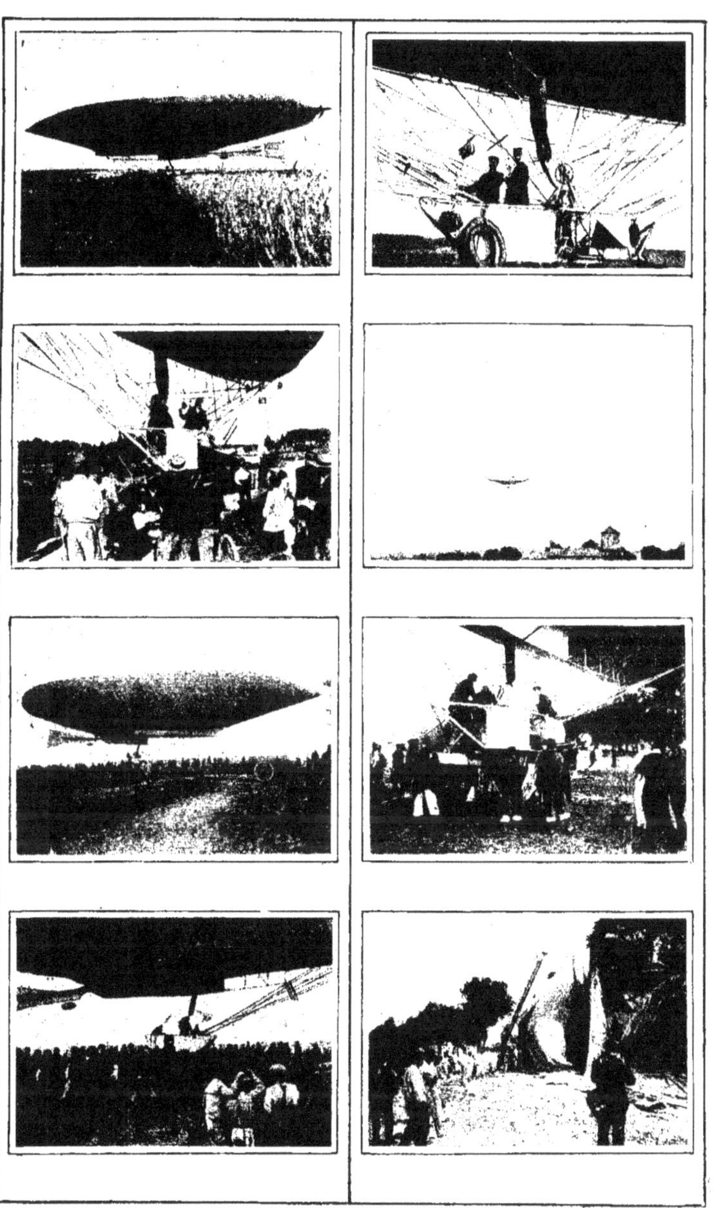

Le voyage du *Lebaudy* à Meaux, commencé le 3 juillet 1905.

Ces modifications permirent d'exécuter de grands voyages, d'élever les records de durée, d'altitude et de distance, d'emmener facilement 6 personnes ordinaires et un poids respectable d'appareils de mesure et de photographie, tout en conservant une vitesse moyenne de 40 kilomètres à l'heure.

D'un autre côté le Ministre de la Guerre nomma une Commission composée de MM. :

Le commandant du génie Bouttiaux, chef de l'établissement central du matériel d'aérostation de Meudon ;

Le capitaine du génie, Voyer ;

Le commandant du génie, Wiard,

Un de ces officiers au moins devait accompagner l'équipage dans chacune des sorties.

Après une série d'expériences préliminaires encourageante un grand voyage dans l'Est fut décidé et commença le 3 juillet 1905 à 3 heures du matin.

Il s'agissait de gagner Châlons par étapes et de là les forteresses de la frontière allemande ; ce programme ne put être rempli aussi facilement que le commencement du parcours aurait pu le faire supposer. En effet, jamais le *Lebaudy* ne fonctionna aussi régulièrement et aussi puissamment que pendant les 93 kilomètres qui séparent Moisson de Meaux. Mais le record de la durée et de la distance fut établi entre Jouarre, la deuxième étape, et Châlons, soit 96 kilomètres en trois heures vingt et une minutes.

L'arrivée au camp des intrépides aéronautes fut triomphale et nul ne pouvait prévoir que ce jour glorieux allait se terminer par une catastrophe matérielle considérable.

Dans l'après-midi, vers 4 heures, un ouragan s'abattit sur le camp et les environs ; dans cette vaste plaine rien n'abrite de la violence des courants aériens, tout fut balayé. Le glorieux ballon, la nacelle et trois soldats qui montaient la garde furent enlevés et jetés 400 mètres plus loin sur des arbres bordant une route construite par les Romains.

C'est là que se termina la première partie de la campagne militaire de 1905, l'aérostat était en lambeaux quand on accourut pour lui porter secours, et il fallut deux jours pour retirer l'étoffe prise dans les arbres, mais on n'eut pas à déplorer d'accidents de personnes, les soldats étaient indemnes, de même que le moteur et tous les délicats organes que la nacelle renfermait.

Mais avec une persévérance admirable, MM. Lebaudy, ne voyant que le louable but de doter la France d'un engin de guerre nouveau et terrible, résolurent de réparer ce désastre sans se soucier un instant des sacrifices pécuniaires que leur idée patriotique exigeait.

Quelques mois après cette catastrophe, la forteresse de Toul put acclamer nos vaillants compatriotes comme ils l'avaient été à Paris, à Meaux et à Châlons ; le *Lebaudy* naviguait de plus belle ; il semble que chacun de ses désastres n'ait d'autre résultat que de créer un nouvel engin plus puissant et plus rapide.

Nous n'entrerons pas dans les détails des nombreuses prouesses qui attirèrent l'attention du monde militaire sur ce qui se passait à Toul, nous indiquerons seulement que c'est dans cette ville que ce phénix aérien atteignit le 10 novembre 1905 la plus haute altitude que l'on ait pu rêver pour un ballon de ce genre ; il s'éleva à 1370 mètres au-dessus du niveau de la mer, hauteur bien largement suffisante pour que les aéronautes observant les mouvements de l'ennemi puissent impunément se rire de ses meilleurs canons.

A cette époque M. Berteaux, Ministre de la Guerre, faisait une tournée d'inspection dans l'Est. Frappé des avantages qu'offrirait à notre armée l'adoption définitive des ballons dirigeables, le Ministre voulut se rendre compte par lui-même en prenant part à l'improviste à une des sorties que MM. Julliot et Juchmès organisaient presque tous les jours.

Accompagné par le commandant Bouttiaux, le Ministre se promena à 200 mètres d'altitude au-dessus de Toul et inspecta les forts qui défendent cette ville.

M. Juchmès, désireux de montrer avec quelle facilité le dirigeable obéissait, tantôt se laissait emporter par le vent et tantôt remontait le courant à 30 kilomètres à l'heure. Toutes les manœuvres de montée, de descente et de virage furent mises sous les yeux de M. Berteaux qui ne cacha pas sa profonde satisfaction : « Votre ballon est une merveille », déclara-t-il à MM. Lebaudy en descendant.

Cet enchantement ministériel ne devait pas rester lettre morte et devait se manifester par des faits ; quelques mois après, une fête magnifique réunissait les aéronautes présents à Paris à la Porte des Ternes. Il s'agissait d'inaugurer le monument grandiose dédié aux aéronautes du siège de Paris par le célèbre sculpteur Bartholdi. M. Julliot assistait tout naturellement à cette cérémonie que présidait M. Étienne, successeur de M. Berteaux.

M. Julliot eut l'agréable surprise de s'entendre appeler par le Ministre qui lui remit solennellement, aux applaudissements de l'assistance, la croix de chevalier de la Légion d'honneur.

Ce beau geste gouvernemental trouva une récompense vraiment royale : quelques jours après, les journaux apprirent au public que MM. Lebaudy offraient à l'État, qui l'acceptait, ce magnifique ballon, premier type de notre future flotte aérienne de guerre.

*
* *

Ces succès attirèrent inévitablement l'attention ; on apprit
bientôt que des essais de dirigeables de guerre étaient tentés
d'une façon plus ou moins sérieuse par diverses puissances

Le *Lebaudy* dans son hangar à Toul.

européennes, tout d'abord en Angleterre, mais tous se terminèrent par des échecs retentissants.

L'empereur Guillaume est beaucoup trop attentif aux progrès de l'aérostation en France pour avoir négligé les enseignements donnés par les performances que nous venons de
décrire. Il se décida, non pas seulement à encourager les
essais particuliers, mais à faire exécuter aux frais du budget

allemand un auto-ballon. La construction fut confiée au major Von Parseval. Ce savant officier ne paraît pas avoir tenu suffisamment compte de la nature des difficultés du problème, de la manière dont il faut s'y prendre pour triompher. Il chercha à obtenir les mêmes effets à l'aide d'une hélice unique placée entre l'enveloppe et la nacelle. Les résultats furent ceux que l'on devait attendre d'une construction inspirée par des principes aussi peu rationnels.

Jusqu'à présent les sorties furent peu nombreuses, très courtes, et, quoique exécutées par des temps clairs, elles se terminèrent presque toujours par des accidents dont la cause se découvre aisément. Des constructions aussi volumineuses, séparées en deux parties inégales par l'espace vide dans lequel évolue l'hélice unique, offrent une prise énorme au vent.

Ces insuccès ne paraissent point avoir découragé l'empereur qui s'est décidé à provoquer la formation d'une Société dans le but de construire un ballon réellement dirigeable et dont les performances puissent être comparées à celles des deux *Lebaudy*.

En même temps, des études de balistique sont suivies dans le but d'atteindre un ballon en cours de route. Un savant allemand de premier ordre, le major Mœdebeck, a publié, il y a quelques mois, un ouvrage analogue à celui que nous mettons sous les yeux du lecteur.

Il a beaucoup développé les moyens de se débarrasser d'un dirigeable, mais quoique ingénieuse — comme toutes les combinaisons qui sortent de sa plume, — celle-ci paraît manquer de bases. Ces efforts ne semblent pas destinés à obtenir plus de succès que les tentatives exécutées avec le canon-ballon du siège. Elles n'auront point l'avantage d'intimider nos vaillants aéronautes.

En effet, l'auto-ballon possède la faculté d'exécuter sans relâche des bordées dans le sens vertical, ce qui est un très grand obstacle pour le règlement du tir de l'ennemi.

En tout cas, les travaux de M. Julliot nous ont donné une avance incontestable que nous ne perdrons jamais ; quels que soient les progrès que fassent nos émules, ils ne sauraient qu'exciter notre zèle et jamais nos appréhensions.

C'est avec satisfaction que nous verrons toutes les nations de la terre se livrer à la construction d'auto-ballons, car nous sommes persuadés que l'usage de ces machines de guerre conduira au règne des principes d'égalité, de justice et de fraternité auxquels, depuis la Révolution, notre chère Patrie n'a jamais cessé d'être sincèrement dévouée.

CHAPITRE XXIII

DÉVELOPPEMENT DE LA NAVIGATION AÉRIENNE

Il est certain que le rapport des savants officiers chargés, comme nous l'avons dit plus haut, d'étudier les mérites de la création de M. Julliot, au point de vue militaire, fut des plus favorables. En effet, peu de temps après l'acceptation du *Lebaudy*, le Ministère de la Guerre fit la commande de deux ballons analogues, dont le premier devait porter le nom de *Patrie*, et le second celui de *République*.

En même temps, M. Juchmès, l'habile pilote de la première unité de notre flotte aérienne, qui appartenait déjà à l'armée, fut promu au grade d'adjudant.

On ne devait commencer les essais de *Patrie* qu'à partir du 1ᵉʳ janvier 1907 ; mais la construction marcha d'une façon si satisfaisante que l'autorité militaire put y procéder plusieurs mois avant le délai fixé.

Le programme des expériences officielles était très sévère ; les commissaires n'avaient oublié aucune des qualités nécessaires à une unité de combat.

Il fallait tout d'abord que le dirigeable gardât rigoureusement son gaz, que son propulseur lui imprimât une vitesse considérable, qu'il pût s'élever à plus d'un kilomètre d'altitude, et enfin qu'il fût à même d'appareiller aussitôt après l'arrivée d'un ordre télégraphique lui enjoignant de gagner un but déterminé.

Les précautions les plus minutieuses du cahier des charges ayant été remplies de la façon la plus complète et sans qu'il se produisît aucun incident pendant la durée des épreuves qui occupèrent près de deux mois, l'armée prit possession de *Patrie*.

Pendant toute la période d'essai, l'équipage du ballon avait été composé de M. Juchmès et du mécanicien Rey; on leur avait adjoint le lieutenant Bois et plusieurs autres militaires apprenant leurs nouvelles fonctions. Elles furent étudiées avec le plus grand soin, ce qui se comprend aisément, car les manœuvres d'un dirigeable sont au moins aussi délicates que celles d'un sous-marin, et s'il survenait un accident, les conséquences en seraient à la fois plus promptes et plus épouvantables.

Cette période d'instruction offrit un caractère tout à fait exceptionnel. Les officiers rivalisèrent d'ardeur pour connaître aussi rapidement que possible, les éléments de la Direction aérienne.

Provisoirement, *Patrie* se trouve installé à Chalais-Meudon, à côté du *Lebaudy* type, destiné à y servir régulièrement à l'éducation des aéronautes militaires français.

Dans la journée du 17 décembre, les Parisiens reçurent pour la première fois la visite de *Patrie*, dont ils ont pu admirer dans l'air les élégantes proportions et les faciles mouvements. Pendant plus d'une heure le dirigeable évolua dans leur ciel, qu'il parcourut dans toutes les directions.

A côté de notre flotte de guerre, on construit en France plusieurs unités de notre flotte aérienne civile. En dehors du ballon de l'expédition Wellman, nous citerons celui que M. Jean Charcot doit emmener au Pôle Sud, et qui doit être piloté par le comte de La Vaulx.

Un modèle de cet aérostat, qui a effectué avec succès une

première sortie, figurait à l'exposition du cycle de 1906. C'est à l'occasion de cette solennité annuelle que le public parisien avait déjà pu examiner à plusieurs reprises le *Méditerranéen*, aérostat à déviation à bord duquel M. le comte de La Vaulx a exécuté successivement plusieurs campagnes dont nous avons déjà entretenu le public, et aux performances duquel

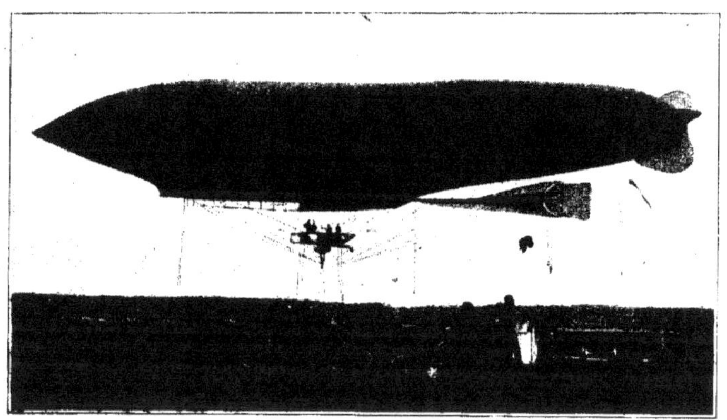

Le ballon *Patrie* se rendant de Moisson à Chalais-Meudon.

l'administration supérieure s'était si aisément intéressée.

Dès l'époque des premières expériences décisives de M. Santos-Dumont, M. Deutsch, qui ne se contentait pas d'encourager la direction aérienne par la fondation de prix plus que princiers, avait chargé M. Tatin, ingénieur bien connu, de la création d'un dirigeable de grande dimension, auquel il donna le nom de *Ville-de-Paris*. Cet aérostat, construit avec soin dans les ateliers de M. Maurice Mallet, resta longtemps exposé sous le hangar du parc de l'Aéro-Club, que M. Deutsch avait fait agrandir à ses frais.

Ville-de-Paris fut remanié à différentes reprises, mais à la suite d'un simple essai à la corde, il parut que ce navire aérien n'offrait pas une stabilité suffisante. En conséquence, M. Deutsch se décida à faire subir à ce magnifique morceau d'architecture aérienne une transformation radicale.

M. Surcouf, à qui avait été confiée la construction du premier *Lebaudy*, fut chargé de cette difficile mission.

L'habile ingénieur introduisit un grand nombre de dispositions nouvelles que son expérience en pareille matière lui a permis de concevoir. Nous citerons, entre autres, l'adjonction de tubes latéraux contenant des réserves de gaz hydrogène et destinés à assurer la stabilité.

Les expériences préliminaires à la corde ayant donné des résultats satisfaisants, M. Surcouf a réalisé un premier voyage. Malheureusement, cet essai ayant eu lieu à une époque déjà tardive, le froid commençait à se faire sentir vigoureusement. Dès le début, il fut facile aux spectateurs de se convaincre que le nouveau dirigeable obéissait docilement au pilote et remontait un courant déjà violent. Mais subitement ils virent *Ville-de-Paris*, emporté par le vent auquel il résistait jusqu'alors avec tant de vaillance, disparaître bientôt derrière les collines de Maisons-Laffitte, ville voisine du champ d'expériences placé à Sartrouville. Quelques heures après on apprenait que les aéronautes avaient atterri sains et saufs à Chambourcy non loin des propriétés de M. Deutsch.

La cause de ce naufrage mérite d'être rapportée à cause de sa singularité. Il paraît que le carburateur avait cessé de fonctionner parce qu'il avait été gelé ; malgré tous les efforts de M. Surcouf, il avait été impossible de le réchauffer.

Le ballon, entièrement déchiré, a été rapporté à l'usine de Sartrouville où M. Surcouf procède à sa réparation.

Nous espérons que notre célèbre compatriote sera mieux favorisé par la fortune des airs dans ses prochaines tentatives. Il n'est pas inutile d'insister sur ce point que les nations étrangères font également des efforts considérables pour arriver à la conquête de l'air.

Le Gouvernement anglais avait signé un traité condition-

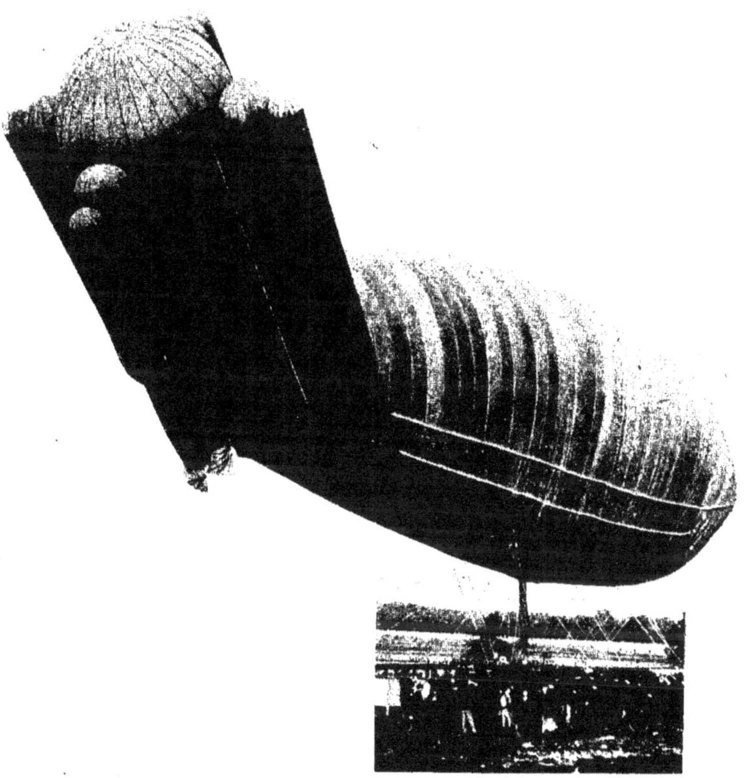

La *Ville-de-Paris* (M. Deutsch) au moment de son départ de Sartrouville
le 11 novembre 1906.

nel avec le docteur Burton, constructeur d'un dirigeable de son invention. Pendant la préparation d'une des sorties, survint une explosion dans laquelle le docteur Burton fut blessé et faillit perdre la vue.

Les expériences continuèrent néanmoins à Aldershot,

arsenal aéronautique anglais, mais les conditions du programme n'ayant point été remplies, le contrat fut annulé.

Il y a deux ou trois ans, les habitants de Londres virent sortir du Palais de Crystal un dirigeable armé d'une seule hélice d'un grand rayon qui se dirigea vers la Cité, en exécutant quelques évolutions. Mais le vent ayant entraîné constamment l'aérostat, ces tentatives dont on avait fait beaucoup de bruit ne furent pas continuées.

Dans un voyage que nous avons fait en Angleterre en 1905, nous avons appris que le colonel Templer, le savant commandant des aéronautes militaires anglais, procédait à la construction d'un auto-ballon, mais nous n'avons pu nous procurer les caractéristiques de ce navire aérien, dont rien n'a transpiré jusqu'ici.

Les journaux italiens nous ont donné les détails de la construction d'un dirigeable de guerre équipé aux frais de leur gouvernement.

Cet aérostat ne porte pas de ballonnet pour assurer la permanence de la forme ; mais la partie inférieure est constituée par un tissu de caoutchouc dilatable, de sorte que le volume augmente lorsqu'il s'élève à un niveau supérieur, et diminue lorsqu'il se rapproche de terre. Nous ne pensons pas que ce système ait répondu aux espérances de l'inventeur.

En Allemagne, les dernières nouvelles que nous recevons nous apprennent que M. le comte Zeppelin après ses nouvelles sorties, se propose de réunir de nouveaux capitaux pour augmenter la puissance de son dirigeable, et étendre les limites de sa sphère d'action. Le Gouvernement impérial a, dit-on, l'intention de combiner le projet du comte avec celui de M. Von Parceval, dont nous avons signalé quelques imperfections.

Nous comprenons parfaitement l'espèce d'acharnement

avec lequel les hommes d'État de Berlin cherchent à lancer dans les airs un auto-ballon capable de rivaliser avec ceux que nous possédons.

En contemplant les gracieuses évolutions de *Patrie* au-dessus de la Ville-Lumière, chacun s'est rendu compte des effets que produirait la chute d'une pluie de bombes semblables à celles des anarchistes et tombant sur les parties les plus riches, les plus populeuses, les plus architecturales d'une grande cité, sur les retranchements d'une forteresse imprenable ou sur un camp ennemi. Mais nous espérons que, secondant les nobles efforts des Amis de la Paix, les progrès de l'aérostation serviront à prouver la justesse des paroles prononcées par Nobel, lorsque l'illustre inventeur de la dynamite prétendit que ce nouvel explosif devait rendre la guerre impossible en la rendant trop horrible.

Ce serait peut-être le lieu d'énumérer les différentes applications scientifiques que nous entrevoyons déjà, qui ne coûteront à l'humanité aucune larme, si ce n'est celles que l'on versera peut-être sur la tombe des martyrs de la science et de la vérité. Quelqu'utile et attrayante que soit cette étude, elle nous entraînerait beaucoup trop loin pour que nous puissions la tenter en ce moment.

Nous nous contenterons, en terminant le présent volume, de citer quelques exemples mémorables du développement pris récemment par les applications pacifiques de l'aérostation.

Le journal *le Matin* vient d'acquérir des droits à la reconnaissance de tous les amis de la navigation aérienne. Il a fondé des prix de plusieurs centaines de mille francs pour récompenser les premiers navigateurs aériens qui, partant de Paris dans le courant de l'année 1908, à un moment qui sera déterminé ultérieurement, atterriront à Londres en un lieu également fixé à l'avance ; le voyage devra être terminé en un certain nombre d'heures.

Nous nous réjouissons fort de cette initiative, qui, prise par un si important organe, stimulera certainement le zèle de tous les ingénieurs qui ont déjà travaillé cette question, et suscitera incontestablement une foule d'autres précieuses collaborations.

La Commission internationale d'Aérostation scientifique a tenu sa sixième session à l'Exposition universelle de Milan. Dans sa séance de clôture, qui a eu lieu dans les premiers jours d'octobre 1906, elle a décerné des éloges unanimes et chaleureux au colonel Vives-y-Vitch pour les ascensions exécutées à Burgos, à l'occasion de l'éclipse du 30 août 1905, ainsi que nous l'avons déjà rapporté. Les résultats obtenus par la pléiade d'astronomes et de physiciens ayant collaboré à ces brillantes observations furent considérés comme si satisfaisants que M. Hergessel, président de la Commission internationale, a pris des mesures énergiques pour augmenter considérablement le nombre des stations associées à la grande œuvre des études météorologiques faites dans la haute atmosphère.

Le nombre des jours où on lancera des ballons-sondes, des ballons-pilotes, et des cerfs-volants météorologiques, sera lui-même augmenté. Des steamers spéciaux navigueront sur les océans dans le but d'étudier la répartition de la température et la force des courants superposés.

L'on peut donc prévoir le moment où, grâce à des ascensions montées, exécutées quelquefois même avec des dirigeables, la météorologie à trois dimensions sera enfin fondée. Ce sera le premier pas vers la conquête définitive de l'Océan aérien par la science, au profit de l'humanité.

TABLE DES MATIÈRES

			Pages.
Chapitre	I.	Les Bulles de savon de Tibérius Cavallo	1
—	II.	La première ascension montée en Montgolfière	7
—	III.	Le triomphe du ballon à gaz de Charles	19
—	IV.	Les Dirigeables à bras	27
—	V.	La mort de Pilâtre de Rozier	35
—	VI.	Le Ballon de Fleurus	41
—	VII.	Gloire et décadence du *Géant*	51
—	VIII.	Les Ballons à vapeur	59
—	IX.	Les premières ascensions scientifiques	73
—	X.	Les voyages aériens	83
—	XI.	Les premières ascensions de jour pendant le siège	93
—	XII.	Les ascensions nocturnes du siège de Paris	111
—	XIII.	Les ascensions privées après le siège de Paris	127
—	XIV.	Les Ballons-sondes	145
—	XV.	L'aérostation militaire	157
—	XVI.	La photographie aéronautique	167
—	XVII.	L'aérostation aux Expositions universelles	183
—	XVIII.	Les Aéro-Clubs français et étrangers	195
—	XIX.	Grandes expéditions aéronautiques	209
—	XX.	Les explorations polaires en ballon	215
—	XXI.	Les Dirigeables après la guerre de 1870	225
—	XXII.	Les ascensions du *Lebaudy*	243
—	XXIII.	Développement de la navigation aérienne	263

ÉVREUX, IMPRIMERIE CH. HÉRISSEY ET FILS